松下幸之助自传

自传

[日] 松下幸之助 著　艾薇 译
徐海波　尹晓薇 译校

Matsushita
Konosuke

人民东方出版传媒
东方出版社
The Oriental Press

作者简介

[日]松下幸之助

Panasonic（原松下电器产业）集团创始人，PHP研究所创办者。1894年，出生于日本和歌山县。9岁时，独自一人到大阪，先后在火钵店和自行车店当学徒，后就职于大阪电灯株式会社。1918年，23岁时创建了松下电气器具制作所。1935年，制作所改名为松下电器产业株式会社。1946年，以"Peace and Happiness through Prosperity"（通过繁荣带来和平与幸福）为理念，创办了PHP研究所，开始了PHP运动。1979年，兴办松下政经塾。1989年去世，享年94岁。

写在前面的话

"我的履历书"是日本最大财经报纸《日本经济新闻》的知名连载专栏，于1956年开设，邀请日本各界及全球的精英亲笔撰写人生经历，每月一人。执笔者中有松下幸之助、本田宗一郎、稻盛和夫，也有英特尔、GE、IBM企业的经营者。它曾被《读卖新闻》誉为"时代的见证人"。

其中部分"我的履历书"已被编成图书在日本出版，我们从中精选具有代表性的经营者的自传介绍给中国读者。这些经营者都曾面临生存或发展的困境，然而他们都能秉持正念，心怀为人类社会奉献的大义，以顺势而为和热爱思考的态度成就美好人生……

更重要的是，他们深受东方哲学和中国文化的影响，一生都在追求正确的为人之道，追求做人应有的姿态，坚持利他的美好心灵，坚持正确的人生活法和思维方式。这些追求和坚守与中国读者有着文化上的共鸣和"山川异域，风月同天"的内在联系。

实际上，不管时代如何变化，技术如何发达，古今中外的真理都是相通的，追求"作为人，何谓正确"更是一个历久弥新的人生课题。诚如稻盛和夫在其自传中所说："决定人生的并非好运或厄运，而是我们心灵的状态……对于那些正在认真思考自己人生的人，或者正在认真学习工作和经营精髓的人，我的经验或许可以提供参考。"如果读者能够通过阅读这套自传丛书获得一些启示，少走一些弯路，我们的出版目的也就实现了。

东方出版社编辑部

他序　梦想成就不凡

得知《培育梦想》[①]一书将与中国读者见面，我非常开心。这本书主要收录了松下幸之助先生曾连载于《日本经济新闻》著名专栏——"我的履历书"中的自传文章，内容横跨了他自少年时期起的大半生经历。

中国的道家文化说，"道可道，非常道"。老先生作为唯一一位曾两次为"我的履历书"专栏撰稿的人[②]，非常坦诚、无私地将其人生中的重大经历以及所思所为展现给了大众，用自己真实的经历向世人"传道"。文章字里行间所蕴含的老先生的"道"曾鼓励、

---

① 本书日语原版的书名为"夢を育てる"，可直译为"培育梦想"。——编者注
② 松下幸之助先生曾分别于 1956 年和 1976 年为"我的履历书"栏目撰稿，本书中 1894 年—1956 年部分为第一次撰稿内容，1957-1975 年部分为第二次撰稿内容。——编者注

引领了无数读者。因此,出版本书的中文简体版,我认为是一件非常有意义的事情。而有幸为之作序,我感到无上荣光。

松下老先生于1894年出生在日本和歌山县,后因家道中落而不得不在9岁时辍学离家,只身一人赴大阪当学徒。尽管他的人生之路起步艰辛,但他在23岁时毅然决然地开始白手创业,仅靠一代人建立起一家全球性企业,无论在企业的经营方法、经营理念方面,还是在关于世界、自然规律的哲学思想方面,都获得了全世界的肯定。世人反复研究他的一生,希望寻得"成功的秘诀",从本书中或许可以窥得一二:我认为必须拥有崇高的梦想和一颗实现梦想的坚定的心。我想这也是为什么这本叙事性的自传合集在日本出版时被命名为《培育梦想》。

老先生始终将"致力于谋求社会生活的改善和提高,以期为世界文化的发展做出贡献"作为自己一生的追求,这个终生追逐的梦想可谓老先生的"道"。起初他认识到自己的使命"在于克服贫穷,为此必须不断推进物质生产,扩大财富",于是他认为必须在"物质生产上不断努力",而"生产的目的便是充实我们日常生活的必需品,并以此来改善、充实我们的生活内容"。社会生活的物质水平也确实如老先生所愿,在不断提升。

随后他又开始关注世人的精神世界并创建了PHP[①]研究所,提出"通过繁荣实现和平和幸福",其中"繁荣"是指"物质与精神的双丰盈"。曾任PHP研究所社长的江口克彦曾陪在老先生身边22年,他这样总结过:"自从松下领悟到使命以后,他并没有单纯地考虑实业……他首先考虑的时常是'为社会、为世人'。"正因有"为社会、为人类做贡献"的梦想之"道"牵引着,老先生才逐步形成了他独有的宇宙观、世界观、人生观和价值观,从而成就了不平凡的一生。

在梦想之"道"指引的路上,为"梦想"铺上促使其生根发芽的培育之土,这应是松下老先生作为企业家最伟大的地方之一。1932年,当领悟到自己的使命后,他提出了"自来水哲学":坚持"无穷尽大量生产、投资,以满足整个社会的需要",即通过生产出便宜、大量且质优的产品,让大众都能获得丰富

---

① PHP即"Peace and Happiness through Prosperity",通过繁荣实现和平与幸福。

且优质的产品从而提升生活幸福感。为了达成这一使命，他当年发表了为松下电器制订的"250年计划"，而当被问及"之后怎么办"时，他坦然地回答道："那时候的人们应该有那时的理想，朝着新的方向执行使命。""道"始终在宇宙背后以其自然而然的规律不断运动、不断变化，因此，坚守"素直之心"的老先生也认为理应顺应未来的变化而培育新的梦想！

在老先生94年的人生中，他为企业、为祖国甚至为全世界提出了诸多愿景，其梦想在生机勃勃地成长，逐渐演变为我们看到的"现实"。究竟如何实现自己远大的梦想？他已用自己的实践经历证明，必须首先拥有一颗"坚定的心"，坚信美好的目标可以实现。

在他的经营生涯中，他因为有"坚定的心"才带领松下电器完成了许多"不可能"的任务。1956年老先生为公司制订了五年计划，五年后的营收目标是将前一年的实际营业额翻4倍。在众人都认为这个目标无法实现的时候，他坚定地相信可以实现，并鼓励道："只要我们工作不懈怠，目标就一定能实现。"结果在计划的第4年就基本提前实现了目标，是坚定的信念让老先生和所有人为之不懈努力，并最终超额完成了目标。

松下电器百年来一直坚守着松下老先生的梦想，循着"为社会、为世人做贡献"的"道"不曾懈怠。在中国改革开放之初，松下电器受时任中华人民共和国副总理邓小平阁下的邀请进入中国，投入"为中国现代化建设做贡献"的事业，成为中国改革开放的参与者、见证者，直至44年后的今天，依然坚定地深耕中国市场，竭尽所能地"通过事业为中国社会发展做贡献"。这样的付出与贡献不仅获得了中国市场的肯定，在2018年的庆祝改革开放40周年大会上，松下老先生还获得了中国政府颁发的"中国改革友谊奖章"。获此殊荣的日本人士只有两位，其中一位便是松下老先生。

现在的中国并不单纯是一个消费大国、制造大国，中国也是工程大国、创新大国，有很多创新的机会。松下电器在中国拥有5.2万名员工，其中研发人员近万人，整体在华事业规模达到1100亿元人民币，约占全集团的28%。毫无疑问，中国市场是松下集团最重要的市场之一。因此，我相信中国市场将逐渐成为松下集团重要的全球创新中心，这也是我们正在培育的

"梦想"！

当下，人类依然面临许多共同的风险和挑战，世界充满不确定性。世人对未来既寄予期待又感到困惑。此刻，我们正需要拥有一个共同的、美好的梦想并为之努力！希望本书可以为读者埋下一颗梦想的种子，助您积蓄培育梦想的力量，让我们共同为"和平与幸福"而全力以赴！

松下控股株式会社

集团代表董事 全球副总裁

集团中国东北亚总代表

本间哲朗

2022年冬 于北京

目 录

父亲的米市惨败 …… 001

学徒经历 …… 004

就职于电灯公司 …… 008

创业初期 …… 012

赌上松下电器的命运 …… 016

1927年的大萧条 …… 020

发展时期 …… 023

重建公司,考察美国 …… 027

与飞利浦公司合作 …… 034

接手中川电机和日本胜利公司 …… 043

制订五年计划,销售额翻四番 …… 050

谋求扩大出口 …… 056

就任会长，守护经营 ································· 065

向想当然的"收入倍增论"敲响警钟 ············· 069

1965年大萧条，亲自上阵指挥 ···················· 075

实施水库经营，每周五天工作制 ·················· 084

经营是一门艺术，薪酬赶超欧洲 ·················· 093

创业五十周年纪念典礼 ····························· 099

振兴人口稀少地区，开设世博会"松下馆" ······ 105

卸任会长，新的开拓 ································· 114

附录（一） 从松下幸之助的人生中学到的东西 ····· 120

附录（二） 松下幸之助大事年表 ····················· 130

父亲的米市惨败

我的少年时代可能更适合被称作学徒时代。因为家道中落,我的童年很少有快乐的回忆,更多的是辛苦奔波的日子,下面就顺着时间线和各位读者一起分享吧。

1894年11月,我出生在一个名叫海草郡和佐村(现和歌山市祢宜)的小山村。从和歌山市出发,沿和歌山线向东行两公里就可以到达这里。

我家不是什么名门望族,但在当地还算得上世家,家里大哥在县里唯一一所中学上学,家境也还算殷实,父亲先后在村议会和公所供职。我是八兄弟中最小的孩子,从小就备受家人的疼爱。回忆起来,至今还依稀记得保姆背着我在小河里玩耍的时光。傍晚时分,听她哼着催眠曲,徜徉在黄昏的田埂上,晃晃悠悠地向家走去，这是我童年为数不多的幸福回忆。童年的幸福生活转瞬即逝，在我六岁那年，家里突然破产了。当时和歌山市成立了大米交易所，大米行情水涨船高。父亲一直热衷于参与新事物，于是马上投身于米市交易，结果当然是一片惨淡。不久，祖传的房子和土地都被人收走了，我们一家被迫搬到和歌山市。父亲在熟人的帮助下开了一家木屐店，哥哥也被迫在初中四年级时退学①，帮父亲打理生意。好景不长，木屐店不到两年就开不下去了，家里越来越穷，父亲也为了赚钱而更加努力奔波。屋漏偏逢连夜雨，同年，当时在和歌山纺织厂工作的大哥抱病三个多月后去世，二哥、二姐也相继病逝。现在回想起来，他们可能患的是流感吧。

在家庭的不断变动中，我上了和歌山市内的一所小学。在我读二年级的时候，父亲只身去了大阪，在一所创立不久的私立大阪盲哑院谋得差事，负责照顾学生和处理杂务。靠着父亲的微薄汇款，我和母亲、姐姐勉强过上了一段稳定的生活。

---

① 当时日本的中学为五年制。——译者注

在我上小学四年级的秋天，父亲突然来信说："幸之助马上就要小学毕业了，这边有家名叫宫田的火盆店想招收学徒，把孩子送到大阪来吧。"事情很快定了下来，同年 11 月下旬，我第一次从纪之川站（当时的南海铁路）出发，坐火车出远门。到了车站，母亲止不住地落泪，把我托付给一位去大阪的乘客，一直叮嘱我去大阪后应注意的事项。这些情景交织着第一次出门的兴奋，至今还留在我的脑海里。

就这样，我当上了火盆店的学徒，正式进入了社会。

学徒的第一份差事是看孩子，看孩子的间隙，我也在店里擦擦火盆、打打杂工。为了制作一个好的火盆，我动辄要用木贼草打磨一整天。很快我的手就因为擦伤肿了起来，而早上擦灰的时候水渗进手上的伤口里，刺痛得厉害。

体力活儿其实并不辛苦，寂寞才是真的难捱。最开始的几天，每晚关门一上床，我就情不自禁地想起母亲，眼泪流个不停，而我本来就是个爱哭的人……

学徒经历

我在火盆店当学徒,每月一号、十五号都能收到工资(其实是零花钱)五钱日元,这对在家从未得到过五钱的我来说简直是"巨款",让我打心眼儿里开心。

关于那段学徒时光,至今我还清楚地记得一件事。现在已经几乎没有了,当时流行一种现在叫作"拜一"(音译)的游戏,把铁制的小陀螺放在盆里,大家互相比谁转得好。有一次我背着师父的孩子玩"拜一",结果转的时候太用力了,背上的孩子仰面朝天摔了下来,头磕到了地面。幸好只是鼓了个包,不过孩子一直大声哭泣,磕的地方也很危险,我脸色惨白,连忙安抚孩子,但他的哭声却怎么都停不下来。这样下去没法儿回铺子,我急得像热锅上的蚂蚁。无意间看到附近的点心店，我连忙跑进去给他买了一块点心。孩子抽抽搭搭地哭了一会儿，然后渐渐停止了哭泣，我也松了一口气。不过买这块点心居然花了一钱日元，对当时的我来说简直是花了"巨款"。可能店铺刚好位于岛之内的中心街区，而且还是高端点心铺的缘故吧。回去之后，我如实交代了这件事，师父打趣我说："让你破费了不少啊。"

学徒生活持续了三个月，火盆店就关门了，师父把我介绍到一个叫五代音吉的熟人那里当伙计，店铺位于船场的淡路町，是一家自行车铺。

五代音吉的兄弟们都十分优秀，尤其是大哥五代五兵卫，他虽然在17岁时失明，却一直承担着照顾弟弟妹妹的重任，同时还做土地、房屋的中介生意，后来还独立创建了大阪第一所盲人学校。他是一个盲人，但是一见面就让人感觉为人老到、经验丰富，他的中介生意也获得了顾客的一致信任，是位了不起的人物。

当上自行车铺的小伙计后，我每天的主要工作就是早晚打扫卫生、学习自行车修理和做做店里的杂工。修理的工作很像铁匠，我特别喜欢这样的工作，所以每天过得都很开心。

回想那段日子，因为每天都要给店里的熟客跑腿买烟，又费时间又麻烦，于是我一次买了很多包烟，这样就可以当场交给客人了。当时买二十包烟还会赠送一包，可以说是"一举三得"，我经常被顾客表扬。有一次，镇上的一家蚊帐批发铺子打来电话："快到店里给我介绍介绍你们家的自行车。"平时都是掌柜上门，刚巧当时店里没人，我决定第一次独自上门推销。当时我只有15岁，一番详细介绍之后，店家拍板决定买车。但是店主人要求："能打九折吧？"我不敢拒绝，赶紧跑回铺子请示。老板告诉我："只能便宜5%，你再去问问吧。"感受到做生意的曲折艰难，我突然忍不住哽咽了起来。老板见状有些生气，问道："你到底是哪家的店员！打起精神好好做。"正巧这一幕被上门催问情况的蚊帐批发铺子掌柜看见了，回去向店主报告后，店主说："真是个有趣的小伙计啊。好吧，便宜5%也买他们家的货吧。"店主还承诺，以后只要我在店里，他会一直在这里买车。这让我特别有面子，想必是我真诚的眼泪发挥了作用吧。

五代音吉夫人与学徒时期的作者

就职于电灯公司

我在自行车铺一直做了 6 年伙计，到了 17 岁，我开始认真思考自己今后的谋生之路。现在想想可能有些好笑，但是当时大阪市计划全市开通电车，部分线路已经开通运营。我心想如果有了电车，自行车的需求就会减少，相反电力事业将非常有前途，于是下定决心换个工作，还向姐夫龟山倾诉了自己的苦恼，请他帮忙向电灯公司引荐。同时，我对工作至今的自行车铺满怀留恋，始终无法开口向店主请辞，最后满怀愧疚地收拾行囊离开了铺子，开始了在龟山家寄宿的生活。

然而电灯公司那边回复"不能马上上岗，需要有空位才行"。当时我也没有什么积蓄，听到这样的回复感到很为难，自己也不好在姐夫家混饭吃，于是去姐夫所在的水泥公司应聘，做了一段时间的搬运工人。当时我的身体不完全适应，一起工作的人又多是粗犷的大汉，工作得十分辛苦。在我装上水泥，用手推车推水泥的时候，后面常常有人推着车边跑边骂："小混混快点推啊，要被轧死啦。"每次我都恨得牙根痒痒。

在水泥厂工作了三个多月之后，刚好大阪电灯的幸町营业所有个内线空岗，通知我去上班，这也是我和电气事业缘分的开端。

当时的电气行业以电灯、电力为主，我的第一份工作是室内布线工程负责人的助手。我每天推着装满材料的手推车跟在负责人后面，一天要帮五六户施工安装。这种手推车有个俗名叫"丁稚车"，推行效率很低，稍微装些东西就会令人觉得很重。但是因为我在水泥公司当过搬运工人，推起来一点都不觉得辛苦，反而对眼前不断变化的工作倍感兴趣。勤勤恳恳地做了三个月左右后，我被提拔为正式技工。正式技工和助手在一起工作，两者的关系就像主仆、师徒一样，助手需要帮正式技工打水，甚至还得帮他把鞋摆放整齐。虽说公司处于业务扩张时期，但是三个月就升职还是很罕见的，我备受鼓舞，更加努力地工作。

在我负责的工程中，现在还能想起的大规模工程包括：当时罕见的滨寺海水浴场的灯光秀工程、歌舞伎座前芦边剧场西式电影院改造工程、新世界通天阁电灯工程等。

回想那时的生活，当时我寄宿在同事家，与同住的一位叫芦田的男性朋友关系很好。芦田很用功，晚上坚持去夜校上课。一次有人找他写信，他的字写得极其漂亮，获得了寄宿伙伴的一致夸奖。看到此情此景，我也下定决心要发奋学习，并在20岁时开始了夜校学习。每晚课程从六点半持续到九点半，一共三个小时，一年预科结束后顺利升入本科。正当我铆足了劲准备好好学习电气学的时候，除了三角函数外，其他的课程都改成了口头笔记的形式，顿时让我望而生畏。平时有时也会半途而废，加之这次无论如何努力也赶不上学习的进度，最终我只能中途放弃。现在想想十分遗憾，不过当时并没有那么在意。

22岁的时候，我结婚了。龟山家的姐姐一直对我百般关照，加上我也有男大当婚的想法，于是开始相亲。相亲的见面地点是松岛八千代座的招牌下方，当时流行一边赏招牌一边相亲。因为没有什么正式的衣服，我清楚地记得当时还拜托宿管阿姨帮忙做了一件绢绸和服，花了5元20钱日元。相亲当日，我一直在招牌下东张西望，不少人都看出了我的意图，我涨红了脸，一直低着头，就连对方来到眼前也没有注意到。姐夫冲我喊道："幸之助，快看快看！"但我还是没有胆子抬头，一来二去直到对方走掉了，我都没有看见对方长什么样子。姐夫催促道："定了吧，姑娘很不错。"一切尘埃落定，这就是我和妻子梅野初次见面的小插曲。

创业初期

在我 24 岁那年的春天，公司提拔我做检查员。我的晋升之路异常顺畅，"检查员"可是工程人员晋升的重要目标，这份工作十分轻松，只需要第二天检查负责人前日做的工作即可，有问题就责令其改正，一天虽然需要检查 15~20 家，却只需要工作两三个小时。

升职到轻松的岗位后，不可思议的是，我发现自己不再像以前那样热衷于工作了，而且心中总有些许的遗憾。升职前我刚好在研究新型插座，当我把做好的插座给主任看时，对方淡淡地说了句："这个不行啊。"听罢我反倒有了一定要做好插座的想法。"好！我不干了！虽然七年的努力很可惜。"当时年轻心急，主任挽留我也没听，直接递上了辞职信。

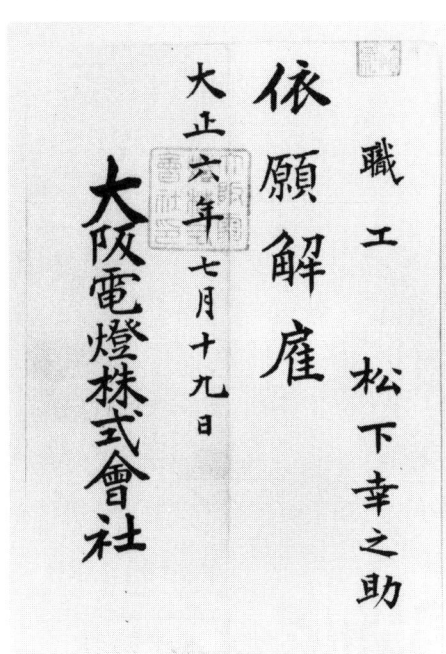

离职证明

虽说只是造插座，但是创业依然缺少前期启动资金。当时我只有离职金33元20钱日元、公司发的公积金42日元和存款20日元左右，加起来还不到100日元。也没有人手，于是我邀请了前同事林加入，妻子的弟弟井植岁男(后来三洋电机的创始人)也刚好从老家的小学毕业，就一起被喊了过来。林的朋友S君辛辛苦苦攒了200日元，他答应借给我们100日元作为启动资金。大家一起改造了我住的平房，把房间的一半隔出来做厂房，在地面铺上三合土，我"失去"了好好睡觉的地方。

创业的第一步是产品研发，当时最令人头疼的就是合成材料的调配。我们尝试了很多次也没有得到理想的结果，吃了不少苦头。这时大家听说之前在电灯公司上班的小T正在一家生产合成材料的工厂学习，就赶紧和小T见面请教，终于掌握了合成材料的调配方法。大家齐心协力，终于在1917年10月做好了一批插座，到了销售阶段，反而不知道要卖给谁了。不管三七二十一，我带着产品直接找了一家电器店询问，结果被对方断然拒绝。店主说："这种新型插座不知道能不能卖出去，我不能贸然订货。"就这样，我在大阪市内跑了10天左右，最终只卖出了100个插座，销售额却不及10日元，还有人反馈新插座的各方面性能都不行。花了整整四个月的时间却只卖了10日元，继续研发改良势必令大家更加不安，最终我下定决心向大家宣布："创业暂时放弃，大家先各自谋生吧。"不能强迫别人做出牺牲,最后只有我和井植两个人留下工作,那段时间家里穷得揭不开锅,我和妻子甚至把像样的和服都当给了当铺。

进入12月,突然一家电气商会给了我们1000个电风扇绝缘底盘的订单。有家电风扇制造商想把现有的绝缘底盘材质从陶瓷换成合成材料,就通过商会下了订单,并且承诺:"如果市场反应好的话,可能会增至两万或是三万,之后的电风扇全部替换成合成材料。"我像打了鸡血一样,为了拿下订单,和井植一起熬夜做出了样品,并且通过了测试,全力投入生产。当时只有压膜机和合成材料的熬煮锅,产品生产十分艰难。临近年关,1000个产品终于完成了,对方很满意产品的品质,算下来一共有80日元左右的利润,这也是公司第一次赢利。虽然插座宣告失败,但得益于源源不断的绝缘底盘订单,工厂得以运转下去。第二年(1918年),工厂开始研发电器产品,我也在市内大开町租了一套更大的房子。

赌上松下电器的命运

搬到大开町之后，工厂首先开始生产连接插头。我研发的产品可以使用旧灯泡的灯头，比市价便宜了三成，而且外观也更加现代，一经推出就受到了极大欢迎，订单多到熬夜也做不完，于是，工厂第一次雇用了四五个人。

接下来，设计、销售的产品是双灯插头，这种插头备受好评，甚至超过了连接插头。不久，大阪一家名为吉田的批发商向我购买了独家销售权，支付了3000日元保证金，这笔钱被用在了工厂扩建上。这时的业务发展十分顺利，虽然中间经历了东京制造商降价、取消与吉田商店的合同等小插曲，但是，很快就有新的批发商接手，产品也顺利打入了东京市场，我因此第一次来到东京。

但好景不长，第一次世界大战结束，日本国内经济开始萧条。神奇的是，这次松下工厂的业绩却顺利发展，公司还专门成立了增进员工和睦的组织——步一会。1922年，工厂在大开町修占了建地面积70坪①的总社工厂。工厂只是街道工厂的规模，当时我们手头只有4500日元，却投入了7000多日元修建厂房。

松下幸之助位于大开町的家（复原图）

---

① 一坪≈3.3平方米，70坪≈231.2平方米。——译者注

赌上松下电器的命运 | 017

1923年，公司开始生产和销售松下电器的拳头产品——自行车灯。下面我将占用一定篇幅介绍个中曲折。当时常见的自行车灯多是蜡烛灯或乙炔煤气灯，既不方便价格又贵，使用体验很差。我以前做过自行车铺的伙计，因此对车灯一直很感兴趣。我在实际调查自行车灯之后发现，人们对自行车灯的需求很大，不可小觑。虽然当时也有电池灯，但是电池只能续航两三个小时，而且结构简陋，实用性差，于是我萌生了制作结构简单、故障率低、电力续航10小时以上的车灯的想法。花了大约半年的时间，我制作了近百个样品，最后，终于做出一款炮弹形车灯。我尝试着重新组装了市面上的电池，使车灯电池的续航时间延长到30~50个小时。电池的价格只要30多钱，而蜡烛的价格一小时就要2钱。"产品终于成功了，肯定能卖得好"，这让我很高兴。实际生产时，电池的分包很容易就解决了，但木质外盒分包却成了问题。好不容易找了两三家木管店，对方纷纷表示如果我们不长期订购一定数量就不承接，没有马上同意。最后虽然有点冒险，我决定在一家店铺每月订购2000个，问题终于迎刃而解。

接下来是销售，与预想相反，这成了最难的环节。不管我去哪家批发商询问，答案都是同样的"不"。当然我也拿着产品去东京碰了运气，甚至还去没有往来的铺子转了转，依旧没有人愿意订货。从6月份开始生产，库存已经积压2000个，加上和木管店约定在先，生产不能停止，时间久了电池还会受损，这些都让我备感焦虑。

我暗下决心，"一定要背水一战，为了让大家真正地了解产品价值，我们干脆免费供给零售店吧"。我专门雇了3名推销员，在资金允许的情况下，在很多大阪零售店各放了两三盏车灯，一盏始终保持点亮状态，向顾客承诺"我们的车灯可以亮30多个小时，如果对产品感兴趣的话可以先用后给钱"。这是赌上松下电器命运的一次尝试，我每天都焦急地听着推销员的报告，渐渐地自行车灯的口碑越来越好。虽然每个月的赊货有四五千，进账却逐渐稳定下来，又过了两三个月，开始有零售店主动打电话或发明信片来要求订货了。

1927 年的大萧条

时间来到昭和时代（1926 年 12 月 25 日—1989 年 1 月 7 日）。当时公司新成立了电热部门，开始生产电熨斗，还推出了新一代方形灯用以取代之前的炮弹形车灯，但其中最令人难忘的还是经济大萧条。当时公司不但没有受到重创，反而因祸得福，取得了巨大的发展。

1927 年，日本发生银行恐慌事件，松下电器也蒙受了巨大损失，但是，这次事件成就了松下与住友银行业务往来的机缘。当时公司的主要交易银行是十五银行，应收票据的折扣金额有七八万日元，定期存款有 35000 多日元。同年 4 月，十五银行开始汇兑困难，但我总想着这是五大银行之一，应该不会有什么意外，就没有着急取款。结果 21 日早上，我突然看到了"十五银行停止支付"的新闻标题，不禁大吃一惊，失望地感叹"终究还是不行了啊"。接下来，我必须重新找一家可以贷款的银行。幸运的是，大约两个月前，公司与住友银行的分行签订了交易合同，合同背后的故事令我一生难忘。事情还要追溯到1926年年末，多亏了住友银行分行员工伊藤的热情邀请，公司才决定与住友银行建立往来。

因为公司的主要交易银行是十五银行，所以尽管伊藤君上门拜访过近十次，希望住友为松下提供贷款，我之前一直委婉地拒绝了。最后是伊藤锲而不舍的热情打动了我，我决定开出条件进行交易。我试探着询问对方："开始业务往来之前，我们能签订两万日元的自由贷款合同吗？"对方听了也很为难，毕竟没有类似的先例，所以没有马上接受。但是我认为做买卖讲究的就是信用，住友这样的大银行如果连贷款都无法承诺的话，说明并不相信我们，所以始终坚持自己的条件。最后住友银行分行的经理回复道："您的要求有道理，让我再调查一次，尽量和总行争取满足您的要求。"就这样，在发生汇兑恐慌的两个月前，我们从住友银行贷出了史无前例的两万日元贷款，开始有了交易往来。发生汇兑恐慌、停止支付等风波后，我还暗自担心，想着尽管住友是大银行，这下估计约定也要泡汤了。稳妥起见，我联系对方确认，结果对方说："现在没有必要改约，有需要的话随时欢迎您张嘴。"听了这番话，我又高兴，又为怀疑对方毁约而感到羞愧。也许是走运，在非常困难的情况下，公司居然开辟了全新的资金链。同年在我们建设500坪（约1655平方米）工厂时，住友银行也提供了15万日元的无担保贷款。

另一个难忘的回忆是，1929年年末，经济活动因为政府的紧缩政策而步履维艰，公司产品销量减半，库存接近爆仓，工厂缺乏后续建设资金，当时就连员工待遇全国最佳的钟纺厂也被迫降薪，引发了诸多劳资纠纷。当时我生病卧床，有人向我提议裁掉一半的员工。尽管当时我也没有好的对策，但听到这个建议时，我脑子里突然闪现"半日出勤、工资不变、员工不减、休息日取消、全员销售"的想法。我认为，从长远来看，半天的工资损失算不上大问题，莫不如全员做好持久战的准备，同时观察经济发展动向。当公司宣布方针后，大家都非常赞成。令人欣喜的是，大家齐心协力销售，仅仅两个月就将库存全部卖空，工厂也恢复了正常运营。

发展时期

不久之后，公司开始涉足收音机业务，同时做起了干电池直营销售。1930 年，顾客对灯具的需求激增，公司每月销量高达 20 万个，电池销量则每月达到 100 万个，光靠冈田干电池一家分包生产远远无法满足销售需要，所以我想在大阪拓展一家合作商，便向当时的竞争对手——小森干电池提出了合作邀请，没想到对方欣然接受。随着销量的增长，灯泡逐渐降价，小森干电池的产能却赶不上市场需要，于是主动提出被收购的申请，同年 9 月正式成为我们公司的第八工厂。

此时，我开始反思自己的生意经。到目前为止，我主要是遵循社会常规做买卖，业务发展得还算顺利，但渐渐有了意犹未尽的感觉。我整日整夜认真思考生产者的使命，最后得出自己的观点。简单来说，为了消除世间贫穷才有了商业。这听起来很像是社会主义人士的说法。比如自来水是有价值的产品，但是为什么人们喝路边的自来水却无人责难呢？这是因为水资源十分丰富。生产者的职责是生产更多的物资，以消除生活的不便。意识到这一点，我把1932年5月5日定为公司的创业纪念日。从1918年创业开始，13年后才设立创业纪念日，这听起来可能有些匪夷所思。其实是因为这一天我意识到自己真正的使命，所以将其定为纪念日。使命达成的期限是250年，每25年为一阶段，共10个阶段。第一阶段我们的任务是巩固基础。

说句题外话，我想简单地谈谈自己对做生意的看法。创业初期，当我的事业蓬勃发展时，一次有一位热心的同行对我说："最近我的生意不太顺利。"我回答道："大家都说做生意是有赔有赚的，久而久之就会成功，但是我不这样认为。商场宛如战场，躲避是无法取胜的，认真做才能成功。如果努力了生意依然惨淡，这不是因为你运气不好，而是经营方法有问题。"只有信念坚定的人才能在萧条的时候赚到钱。我万事都是积极主义。滨口内阁实施财政紧缩政策后，日本经济陷入低迷，我认为这种做法就是自断后路，只有鼓励人们尽情活动才能繁荣经济。

此时恰好有人向我推销汽车："经济不景气，没有人买车啊，就连15000日元的豪车斯蒂贝克(Studebaker)也得半价卖。"听了这话，我顿时产生了为经济做些贡献的想法。虽然和身份并不相称，但我下决心花5800日元买了一辆，这样就可以尽情地外出活动了。

1934年，公司成立了发动机部门。当时关西地区的两家重型电机厂——川北、奥村相继倒闭，当地一家发动机工厂都没有了，我认为发动机这个市场太重要了，于是宣布组建新部门。有人开始担心："就算是松下也拯救不了这个行业吧。"我坚持自己的观点，"虽说是发动机，但我们做的是小型产品，而且现在家庭也有对发动机的需求呀？现在没有人用更意味着将来市场无限"。公司和住友合作，出资100万日元注册资金成立了合资发动机公司，这其实也是经营理念的一种体现吧。不久之后爆发了战争，发动机作为松下电器的重要产品，乘着家庭电气化潮流的东风，取得了月产5万台的傲人成绩，并在当时变成了公司的发展基石。

从统制时代到战争时期，生活百般不如意，我决定开始"PHP①运动"。发起这项运动的本意是想从根本上纠正世间乱象，立足人性，以正直、正确的观点思考社会制度的应有形态，走上共同繁荣之路。PHP研究所至今还在进行PHP研究。

PHP 研究所成立仪式 (1946 年 11 月 3 日)

---

① Peace and Happiness through Prosperity 的简称，意为"通过繁荣实现和平与幸福"。——编者注

重建公司，考察美国

1956年，我在"我的履历书"专栏中介绍了自己从少年时代到"二战"后重建公司的经历。岁月荏苒，二十年后，我想再谈谈之后自己作为商人的发展经历和想法。时间回到1950年，在盟军的占领下，日本经济以特有的方式快速发展。下面我将结合个人感受，以文字的形式为各位读者呈现自己走过的这段历程。

战后，日本经济于1950年开始重建，松下电器亦然。之前的五年，盟军发布了"7项冻结令"限制企业发展，五年里我也受到约束，不得以商人的身份开展任何工作。不得已之下，我一边梳理公司和自己的工作，一边开始了PHP的研究，无法全心全意地为公司工作。随着限制逐渐解除，从1950年年中开始，我终于可以继续企业活动了。1950年7月17日，我召开了规划公司发展的"紧急经营方针发表会",召集公司干部阐述了重建的决心。

现在我还保留着当时的发言文稿。重读文稿内容,不禁令我感慨万千,引用其中的一段内容略表所感。

商人世代存续,必须投身产业复兴才能重建经济。从最近的动向来看,国家经济正在慢慢恢复,今天我也终于有信心重建公司。放眼全球,哪个国家致力于通过力量与行动推动真正的和平呢?老实说我认为日本可以胜任这项任务。思想、道德、能力……只要接受正确引导,日本完全具备为世界和平做贡献的潜质。

只有日本国民才能证明上述结论是否正确。每位日本人都拥有力量与精神,我们必须通力合作,积累践行世纪光荣使命的实力,这种实力需要通过职场工作来培养。

回顾松下,战后五年,公司遇到了林林总总的问题。即使身处逆境,员工们也能竭尽全力,奋力拼搏,终于看到了今天的曙光。我不敢说自己这五年都埋头于工作,但是自己努力履行了社长的职责。努力确实努力,但是要说是否乐在其中,我想答案可能是否定的。一想到重建公司、开展工作受到的各种限制，我就很难释怀。不过现在我有了新的使命，日本也即将重建，我心底突然萌生了努力工作的动力，从早到晚，无时无刻不想好好建设公司。

第二年，也就是1951年年初，为了从全球的角度重新思考经营，我号召公司全体准备"重新开始"，作为立足世界的经济人，发挥日本民族的优良品质，开展全球范围的经济活动。我认为，当务之急是以谦卑的态度向国外学习。1951年1月18日，我登上了前往美国的航班，向经营理念、管理方法最先进的美国取经问道。

美国之行原计划时长一个月，结果一天、两天……时间不断延长，直到4月7日回国为止。我在美国共停留了约三个月，抓住第一次访美的机会，我想尽可能拓展视野，增长见识。

美国的富裕程度令人叹为观止。据通用电气公司介绍，公司生产的标准款收音机在百货商店的售价是24美元，而生产收音机的工人的工资——平均时薪是1美元50美分。以一天工作8小时计算，工人每天的工资是12美元，工作两天就能买一台自己公司生产的收音机。而当时松下电器生产的收音机是9000日元，工人的月平均工资却只有6000日元。也就是说，工人需要工作一个半月才能买一台收音机，两者简直是天壤之别。虽然我对美国的繁荣略有耳闻，但是亲眼看到之后，我还是被两国的差距深深刺痛，决心"一定要发展成美国那样的程度"，回国后向员工呼吁"日本也会发展成那样"。

对当时的日本人来说，纽约奢靡而繁华。站在中央车站的广场上，身影居然可以倒映在大理石地面上。即使白天，这里也是灯火通明，而当时日本电力不足，东京每天晚上7：00之后一定停电1小时。我好奇地问美国人："为什么这里白天也开灯呢？"对方回答道："白天不开也行，但开着比关了好呀。"此时纽约的单日用电量是400万千瓦，正好和整个日本的单日用电量相当。

"原来如此，白天开灯确实很好。"

在美国考察（纽约）

第一次美国之行，目的主要是脱胎换骨、成为全球经济人，而作为旅行，我主要想"看看美国"，所以旅途很放松。长期以来我都是平头发型，这次也是直接平头造型去了美国，到了之后才发现美国人更喜欢留头发。感觉平头不太应景，我在美国期间特意留了头发，改了分头造型回国，这是造型上的一个变化。再者就是每天我都会一个人在街上走，一天一定看一次电影。虽然完全不懂英语，但是通过画面变化就能了解美国人的生活情况，一点也不无聊。

有一次我想去看隆冬的海水浴场，于是问周边的人："这附近有海水浴场吗？"对方一脸惊讶地回答："怎么现在这个时节想看浴场呀？"去了一看，果然浴场空无一人，但是打扫得十分干净。去厕所一看，内部像公共卫生间，收拾得干干净净。我不由得感叹道："这里真干净啊！"带路的人回答："那是当然啦，我们交了税的。"

我第一次感受到了美国繁华的原动力。日本人也向政府纳税，却从来不关心政府如何使用，我自己也认为只要履行义务就足够了。然而美国不同，美国人认为纳税是保障生活和事业的必要政治手段。结合美国人对税收的看法,我深刻感受到"民主主义就是繁荣主义"。日本如果有了真正的民主主义,也一定会繁荣起来。想到这儿,我下定决心,要尽快在日本普及民主主义。

与飞利浦公司合作

我想以文字的形式记录一下与荷兰飞利浦公司的合作过程。1951年10月底至11月间,我飞往欧洲出差,第一次接触了飞利浦公司,双方花了将近一年的时间洽谈条件,最终签署了合作协议。

松下其实早在1937年就与飞利浦公司有业务往来,但后来由于战争中断了。1951年,为了寻找电子领域的技术合作国家和制造商,我走遍了美国和欧洲,最终选择战前有过合作、1948年重启往来的飞利浦公司。

飞利浦公司和松下电器在发展历程、公司形态上十分接近,值得学习的地方很多。在双方探讨合作的过程中,飞利浦公司曾打趣道:"我们这可不是合作,而是在准备结婚呀。"公司的风气,或者说双方的家风相近,双方都有同感。欧洲公司和美国公司的风格不同，当时日本引进了美国的很多技术，而引进自欧洲的技术相对较少。从科学工业发展的全局来看，欧洲技术对日本的发展来说是不可缺少的。综合上述考虑，我判断与飞利浦公司的合作适合日本技术发展，对日本今后的繁荣将大有裨益，故而委托高桥荒太郎(时任专务)尽快完成谈判。

谈判比预想的困难得多。1952年7月13日，高桥从羽田出发，开始与飞利浦公司的负责人就细节反复交涉。高桥性格坦率，说话温和，善于交际，做事果断。即使这样，高桥也在专利问题上"遭遇了滑铁卢"，谈判朝着破裂的方向发展。作为合作条件之一，飞利浦公司要求新公司支付55万美元的定金首付，占股30%，抽取6%的技术指导费用。首付和股份可以理解，但是6%的技术指导费用我实在不能接受。对我来说，引进技术迫在眉睫，该付的钱一定要付，但是合资公司的经营难道不是由松下电器承担吗？既然这样，我们也可以索求经营管理费用，于是我们马上向对方提出了诉求。"新公司建在日本，技术来源于贵公司，但是经营管理工作由谁来做呢，当然是松下电器，所以我可以支付技术指导费，但是也请付给松下经营管理费"。对方听罢接连表示："这有点奇怪，还没有出现过这样的先例。"而我方坚持："可能没有发生过，但这样的要求顺理成章。"双方的意见分歧相当大。

仔细想想，这件事情发生在（作者写此文的）28年前，当时日本一穷二白。对方最终回复道："如果谈判进行不下去了，合作的事就先停止吧。"多亏高桥在现场据理力争，最终对方同意了我方的要求。飞利浦公司可能又惊讶，又觉得"从没见过这么强硬的公司"，对方肯定值得信赖。

不久高桥凯旋回国。最终确定松下支付对方4.5%的技术指导费，收取3%的经营管理费。

1952年10月，我第三次去海外出差，10月18日中午与飞利浦公司高层签署了技术合作合同。

之后两家公司通力合作，1952年成立了松下电子工业株式会社。这家公司在大阪府高槻市建设了水平和规模全球领先的新工厂，1954年开始生产灯泡、荧光灯、真空管、阴极射线管、晶体管等电子管、半导体产品。得益于这些电子管和半导体，松下电器相关事业部生产的收音机、电视机等产品达到了世界领先水平。

1967年，两家公司续约，经过友好协商合约又延长了10年。在过去15年间，技术指导费和经营管理费的比例分别改为3%和2%，更新合同时最终改为相同的2.5%。

与飞利浦公司合作是我第一次与外国企业建立合资公司，也是让我思索经营价值的重要事件。

松下不支付技术指导费的话，对方不会同意合作，联合经营后，对方始终保持有3名技术人员常驻合资公司，所以支付技术指导费也是应该的。但是仔细思考一下，松下电器起到什么作用？答案当然是为合资公司提供了经营负责人。这一过程不应当是免费的，不过当我提出："如果贵公司派遣3名技术人员，我们也会选派经营负责人，这样合资事业才能成立。和技术指导费一样，希望您也能缴纳经营管理费。"对方一脸为难。但我认为有必要合理评估经营价值，就像专利费和技术指导费一样，为经营付费难道不是理所当然的吗？从这一点来看，日本人对于经营的价值判断似乎还没有觉醒，或者说意识极其淡薄，这就是现在日本经营体制弱化的原因之一吧。

与飞利浦公司签署合作协议

在与飞利浦公司谈判的过程中,我始终认为:"不管你的技术多么优秀,如果没有松下电器的经营能力,新公司一定做不好。在我看来,松下电器拥有推动对方技术大放异彩的经营能力,这种能力不是免费的,和技术一样,我们应当正确评价经营能力。"结果如上所述,技术指导费和经营管理费的比例各为4.5%和3%。

如果日本行业达成共识,各家公司拿出营业额的1%作为经营管理费,互相正确评价经营能力的话,也许日本产业会有更大的发展。但是还是有很多人觉得

"那样做很丢脸。向对方学点东西就得交学费,这种事我办不到"。

在与飞利浦公司的合作过程中,我认识到经营的价值。当然日本国内行业应当认可这种价值,这种认可十分重要。提高对经营价值的认知其实就是提高经营者的尊严,人们也会更加珍惜经营者付出的努力。日本产业界软柔性的一种表现就是没有像评判专利一样正确评判经营,这其实也是经营者软弱性的表现。

与飞利浦公司的合作对日本电子工业的发展起到了重大作用,同时,松下电器依靠自己的力量研发了干电池技术。

随着需求与日俱增,干电池技术的升级迫在眉睫。为了引进国外的先进技术,公司开始接触世界知名的美国E公司,准备就技术合作进行谈判。E公司很绅士地回复道:"如果松下电器有意向,我们当然很高兴携手合作。但是如果你们公司技术更先进的话,那就没有必要合作,我会主动谢绝的,所以请先让我方参观一下工厂吧。"这种说法令我印象深刻,也带给我很多启发。谈判开始了,我发现不仅是干电池,甚至连干电池的外壳,也就是干电池所有相关部件,对方都要求支付2%的技术指导费。由于分歧巨大，与技术负责人中尾哲二郎（时任副社长、技术最高顾问）商量后，我决定放弃合作，独自研发这项世界性的技术。

这个决定激励并刺激了松下电器的技术团队，他们很快就成功开发出了不输给E公司产品的高性能超级干电池，巩固了松下迄今为止打造的国家级干电池地位。

另一方面，在圆满结束和松下的谈判后，E公司与另一家日本干电池制造商建立了合作，共同在日本生产干电池。我受邀参加两家公司的合作发布会，E公司的负责人打趣我说："最终我们成了竞争对手，互相加油呀。"听了这话，我其实有些尴尬。如果同是日本人，我可能会礼节性地说出"好好相处"之类敷衍的话，但是听到对方说公平竞争吧，这让我不由得钦佩对方的气势和自信，更被他的真诚打动，正是这种态度才成就了他们美国的优秀事业吧。

松下凭借一己之力研发出了原创的超级干电池，堂堂正正地与世界一流的制造商竞争，对此我感到十分高兴。研发技术不是为了战胜对方，全体员工众志成城，历经艰辛，以最大的热忱和真诚只为提供更好的产品，向社会展示松下的责任感。

为了提高产品水平，很多时候我们需要抉择是采用原创技术还是引进外国技术。无论结果如何，松下都会以公司现有技术为基础，以是否对社会有益、受顾客欢迎为选择标准，做出最终选择。

转眼到了1953年，松下电器在大阪府门真市新建了中央研究所。以研究所的成立为契机，松下电器正式扛起了技术革新的大旗。公司在基础研究的基础上，着眼于即将到来的自动化时代，致力于全新设备和冶金工具的研发，建立了专门的机械制造工厂。新建工厂也是我参观美国时灵光一闪的产物。1951年1月我第一次赴美，买了一台据说是当时最新的干电池制造机。第二次去美国的时候，我参观了一家干电池工厂，让我大吃一惊的是，之前买的最新机器已经沦为那家工厂里最旧的设备。一般市面出售的机器都是常规产品，一流厂商会自己研发设备，绝不外传也从不公开，这些设备的水平是市面上流通的普通机器的好几倍。看到这些，我深深明白了，没有自己的想法，盲目接受别人的观点，依靠外部的力量和资金，最终只会逐渐消亡，没有原创的想法与付出，就不会有真正的解决方案。我想实践自己的研究方案，让公司的发展更具灵活性，故而建立了专业机械制造工厂。

按照我的方针部署，中央研究所作为新建的综合研究机构，很快就成了新电气化时代的巨大推动力。

接手中川电机和日本胜利公司

1952年2月，我的老朋友——久保田铁工的创始人久保田权四郎说想介绍一个人给我，这是我结识中川电机社长——中川怀春的开端。中川在1939年凭借一己之力壮大了中川机械，"二战"后继续生产盟军使用的冰箱。美军撤离后，中川准备向日本国内市场推出冰箱产品。他向久保田先生请教，对方表示如果想要获得成功，一定要邀请松下幸之助参与，中川也最终下定了决心，决定和我合作。

一番攀谈过后，我感觉中川对公司的情况了如指掌，是个难得的优秀人才。最让我心动的是，中川当场表示："如果松下先生接手公司，我不会提出任何条件，无条件将公司交给您。"而当时中川电机的注册资金是5000万日元，实际资产约有3亿日元。我被中川的回答打动了。按照我以往的经验,在这种情况下很多人都会开出条件维护自己的权益,这是社会常识,但是中川完全不拘泥于这些小节,痛快地表示可以无条件让渡。我根据经营公司的第六感判断,这笔生意一定很顺利,所以我连公司都没看,当场就接受了中川的建议。

中川电机后来承担了日本全国冰箱的生产业务,改名为松下冷机。中川也反复钻研,努力学习松下电器的经营方法,磨炼经营者的手腕,在松下电器副社长的位置上大显身手。这一切和久保田先生预测的一样,令我深深感慨他的远见卓识。

跟与中川电机的合作不同,与日本胜利(Victor)公司的合作让我至今难以忘怀。

日本胜利公司成立于1927年,由美国胜利公司(后来与RCA合并为RCA胜利)创立,后来日本企业开始参与经营,成了一家日美合资公司。但好景不长,由于日美关系动荡,1938年,RCA公司决定全面撤回对日本胜利公司的投资,公司的经营主体也从鲇川义介先生的日产康采恩变成了东芝。加上战败等不稳定因素,日本胜利公司的经营陷入困境。这种情况下,日本胜利公司的主要交易银行——日本兴业银行向我询问是否愿意接手经营。那时胜利公司的注册资金是2500万日元，债务却高达4.5亿日元，战争的大环境加上巨额债务，正常情况下很少有公司愿意接手这样的烂摊子，银行的苦心焦虑也在常理之中。我虽然不太了解日本胜利公司，但是听到这个消息后突然想起胜利公司logo上的那只小狗。从"二战"前开始，就连小孩子都很喜欢这个logo，日本胜利公司的品牌可以说是传统的日本国民品牌。这样的品牌是存在还是消失，我不断在心中衡量。尽管会背上沉重的债务，最后我还是下定决心，在1953年接管了日本胜利公司。

第一次去美国旅行时，我深刻认识到，想要建设繁荣的社会，必须注意发展和普及民主主义。为了早日实现自己的理想，1952年8月，我召集了一群志同道合的朋友，成立了新政治经济研究会。

1953年9月22日，新政治经济研究会在大阪朝日会馆举行了一周年纪念演讲会。

成立新政治经济研究会

仓敷人造纤维公司（现可乐丽公司）的大原总一郎社长的开幕致辞铿锵有力，驹井铁工所的驹井社长作第一年发展报告并公布了第二年的口号，接下来是《朝日新闻》评论员土屋清先生《如此打造自立经济》的主旨演讲。在会议的第二部分中，住友银行前行长铃木刚先生主持风格幽默风趣，以《建设美丽富饶的日本》为题，邀请与会者分享自己作为"一日大臣"的个人抱负（类似于"一日国会"模拟活动），当天共有10位社会名流被任命为"一日大臣"。

教养大臣是饭岛幡司博士，电力大臣是关西电力的太田垣士郎社长，公安大臣为总同盟大阪府联合会的金正米吉会长，生产大臣由住友金属工业的日向方齐常务担任，技术大臣为东洋橡胶工业的富久力松社长，经营大臣是神户大学的平井泰太郎教授，政党大臣为政治评论家矢部贞治先生，妇女大臣为大阪联合国教科文组织协会副会长村山留先生，无职务大臣是栗本铁工所的栗本顺三社长，我本人是观光大臣（上述职务均为当时叫法，顺序稍有调整），这样的活动在"二战"后的日本应该是首次。

当天，我以观光大臣的口吻发表演讲：

今年春天，访问日本的外国游客急剧增加，美国媒体报道了"卡罗尼亚环球旅游团"访问日本的新闻，来自世界各国的买手们也纷纷参加在大阪举办的国际商品展览会。然而，尽管卡罗尼亚环球旅游团仅有500人，日本国内却只有2辆大巴可以接待外国人，酒店问题更加严重。

从这件事情可以看出，日本对旅游，尤其是对接待外国游客缺乏了解。希望大家在批评酒店和道路不完善之前，先反思一下我们对旅游的认识是否存在不足。旅游绝不是杂耍生意，而应遵从拥有者给予非拥有者的崇高博爱精神。

日本景点众多，风景优美。日本不是只有富士山，山、谷、河、海，日本还有很多美丽的风景，访日游客对日本之美有口皆碑。单从自然之美来看，我认为日本在世界上不是第一或第二，也至少不会跌出前三。

如此美丽的景色一直都由日本国民专享，想想就很可惜。煤炭和石油固然重要，但如果说美景也是资源的话，对日本来说，美景的重要性相信不亚于任何蕴藏的资源。

日本是东洋的尽头，与欧美相距甚远。这其实不是坏事，反而是好事。人们更喜欢感受远方的魅力，日本正好符合这一点，更何况现在已经是飞机的时代了。

战后，作为经济自主的道路，国内提倡工业立国、农业立国和贸易立国的呼声很高，也投入了很多资金。但我认为，我们应当集中力量打造观光立国。

之所以这样说，主要是因为观光立国创造的最大利益有助于帮助日本走上和平的道路。观光立国不只是为了赚钱,更是希望国民具备博爱的精神、胸怀国土安宁的崇高理念,这才是我国应当堂堂正正实施的立国方针。

受限于篇幅,此处无法引述演讲全文。说完这番话之后,我的心情极其舒畅。

新政治经济研究会在初步完成预期目标后,1966年10月与PHP研究所合并。

制订五年计划，销售额翻四番

1956年，公司的重建计划逐渐步入正轨。我正式公布了松下电器的五年计划，计划五年后公司的林林总总，制定目标，规范公司经营，这种做法现在很常见，但当时别说国家部门和行政机构了，根本没有企业团体向外界堂堂正正地公布未来目标。当我在1月10日的经营方针发表会上宣布五年内销售额翻四番时，众人大吃一惊，对目标能否实现半信半疑。

公布的五年计划如下：

经过战后的调整与重建，今年公司终于进入期待已久的发展期。我想根据制订好的五年计划，介绍一下今后五年的预期目标。

首先，去年公司的销售额是220亿日元，员工数为1.1万人，推算下来，今年公司的营收目标大约是280亿日元，员工增加到1.2万人左右。

与去年相比，目标销售额增加了约三成，员工增加了约一成，这一数字今后如果保持下去的话，五年后的1960年，销售额大概会达到800亿日元。

800亿日元相当于去年营收额的四倍。为实现这一目标，到1960年为止，松下电器的综合性设备也要增加四倍，各个工厂的产量也要提高四倍。

这个目标看起来很难，但是在今后五年的进步之下，可能现在一坪面积生产一个产品，今后就可以缩减到一半或四分之一了。这离不开学术的力量、经营的力量，还有大家努力的力量。如果五年后我们仍然止步不前，公司就不会进步，更不会繁荣。

我相信这个目标一定可以实现。我相信只要日本不发生战争，没有一瞬间就能把整个日本毁掉的大地震，过程中可能有些波折和不景气，但是这一目标一定能实现。基于以下理由，我对目标的实现充满信心。

为什么我们能做到？因为这是广大普通民众的需

求。我们的目标不过将大家的呼声以数字的形式呈现出来，目标的实现不是为了我们的声誉或一己私利，而是履行对社会的义务。所以我认为，只要我们工作不懈怠，目标就一定能实现。为社会服务的崇高理想是我们的责任，我们绝不沽名钓誉，贪图私利。

换句话说，五年计划其实是我们与民众签订的无形合同。当然双方既没有签订合同，也没有交换合同。但是我们清楚地意识到自己的工作使命，这种看不见的合同是"无声的合同"。我们要谦虚地聆听"无声的合同"的召唤，为履行义务做好充分的准备，这是我们产业人承担的重要使命。

五年计划的目标是800亿日元，在计划的鼓舞和全体人员的努力下，计划的第4年就基本提前实现了目标，5年后，松下电器的生产销售额超过了1000亿日元。

1958年6月，我63岁，因为对日本和荷兰的友好亲善、经济交流做出贡献，被授予奥兰治-拿骚司令勋章。两年后的1960年春天，应荷兰朱丽安娜女王的邀请，我和妻子访问了荷兰。

获得荷兰奥兰治 – 拿骚司令 (Commander in the Order of Orange– Nassau) 勋章

我自不必说,妻子对欧洲王室也一无所知,两人硬着头皮前往女王宫殿,一位肩膀上戴着金丝缎的侍从武官在玄关迎接我们。"果然和想象的一样威严啊",

我一边想着一边跟随武官上了楼，提心吊胆地进了一个房间。一位五十多岁的老妇人快步走了出来，我以为她是对接的女官，不承想那竟是女王陛下本人。屋里只有女王陛下、我们夫妇二人和翻译，女王陛下亲自为我们沏茶加糖，招呼我说："请喝茶抽烟吧。"我平时虽不抽烟，这次却不由自主地伸手拿了一支。

翻译帮我点了烟，我吸了一口，不经意地说了句："其实平时我不抽烟，今天见到您很激动，感谢您的香烟。"

女王陛下笑着回答说："坏习惯还是不要养成好呀。"抽完了这根烟，我们和女王陛下交谈了40分钟左右。最后我和妻子走出房间，对女王陛下亲自招待我们十分感激，女王的周到款待让我们重新认识了招待别人这件事。

在和女王陛下的谈话中，女王陛下"既然您到荷兰来，有机会请多看看堤坝吧，很有参考价值"的建议给我留下了深刻的印象。荷兰三分之一的国土低于海平面，堤坝可以保护国土免受大海侵蚀。下雨时堤坝可以调节河水，保持水位稳定。换句话说，如果水位调节失败，海水会马上倒灌荷兰国土，酿成惨剧，据说荷兰还专门设置了水利大臣保护国土安全。此情此景让我不由感慨，荷兰人在堤坝上真是做足了"文章"，发挥智慧最大限度强化水利建设，荷兰的国土与日本的九州那样狭窄，却实现了资源的最大化利用。

荷兰在国家建设方面也下了很大功夫。据说因为荷兰多是平地，没有山脉，缺乏土壤，就连修路也要从国外进口堆土。荷兰畜牧业发达，但是矿产资源匮乏，机械和制造工业相对落后，人口稀少。尽管如此，荷兰的飞利浦公司在全球50个国家经营着200多家直营生产公司，七八成的产品销往海外，是全球知名的大型企业，其中蕴含的丰富智慧令人惊叹。荷兰人口稀少，单单雇佣本国人无法维持运营，而且也很难雇佣到大量员工，所以飞利浦从不集中设厂，而是在人口聚集的地方分散建厂。

就这一点来说，日本的人口约是荷兰的8倍，资源也更加丰富，国民吃苦耐劳，如果日本也有飞利浦公司这样的企业，相信一定会更有作为，但是现实却不尽如人意，为什么日本的企业发展并不顺利呢？我陷入了沉思。

谋求扩大出口

松下电器在"二战"前就决定做贸易。1932年公司成立了贸易部,但是时机一直不成熟。直到1955年,公司才正式开始对外贸易,在海外谋求发展。

我认为,贸易的本质归根到底是首先满足国内需求,再将剩余的产品销往他国。自己明明饿得不行,却把吃的分给别人,这样做虽然很有意义,却无法长久持续。给人东西的前提是自己先吃饱,不然就无法分给别人。贸易也是一样的道理,在满足本国需求的基础上走向海外,这才是正确的做法。

我一直以来就有这样的想法。"二战"后不久,我去欧洲出差,途中经过德国的汉堡。因为战争刚刚结束四五年,汉堡的街道上还留有不少战火的痕迹。参观完汽车厂之后,我留下吃午饭,餐桌上黄油和奶酪多到快要溢出来，丰盛的午餐让我大吃一惊。晚上回到入住的酒店，用餐时我点了威士忌，结果服务员拿来的是顶级的黑色尊尼获加，各种苏格兰威士忌随喜好任点。见状我不禁钦佩道："虽然是战败国，但这太了不起了，德国真是什么都有啊。"

接下来我前往战胜国英国，在伦敦的酒店里，我招呼服务员问道："能给我一杯尊尼获加吗？"服务员不好意思地说："抱歉没有这款酒。""太奇怪了，尊尼获加是英国酿造的呀。"服务员回答："确实是的，但是现在整个英国都在节衣缩食。"我追问道："那酿出来的威士忌卖到哪里呢？"得到的答复是"为了赚外汇，全部出口海外了"。

我无法理解英国的想法和做法。英国不是战胜国吗？战胜国喝不到本国酿造的威士忌，而战败国德国却可以放开畅饮。这让我感受到两国思维方式的不同，英国的方式无力而软弱。

从1955年开始，日本在经济上富裕起来，也有了向海外出口产品的余力，无形中世界各国也将日本视作重要的商品来源，松下电器也一样。在1959年1月的常规经营方针发表会上，我想督促员工奋发向上，谈到了贸易问题。

"从贸易来看，公司的贸易额逐年增长，这确实是好事。但增长方式落后、增长率缓慢，这可能是松下电器生产海外贸易产品时考虑不足导致的。另一方面，松下电器贸易负责松下电器的海外贸易，希望各位好好想想。换句话说，如果想经营好贸易公司，松下电器就要做出适合国外的产品，我们要不断思考，提出自己的想法，各位松下电器的干部请好好思考如何调动贸易公司的工作热情。"

贸易需要本国和对象国的双向繁荣。为此，我们需要设身处地为对方着想，生产出对方喜闻乐见的产品。如果胸中没有贸易使命感，日本有多少产能也无法触碰到贸易的本质，这也是我激励员工奋进的原因。此后松下电器的出口迅速增长，从1958年的32亿日元到1960年的130亿日元，出口占公司生产总值的比例从6%上升到12%。在"岩户景气"的繁荣推动下，日本经济从1959年开始顺风顺水，贸易自由化、汇率自由化的浪潮逐渐涌向日本，我认为今后必须在国际舞台上一决胜负。在1960年1月的经营方针发表会上，我一方面告诫员工不要沉醉于景气之中，另一方面提出：为了在国际竞争中拔得头筹，我们要调整工作，争取实现周末双休。具体内容如下：

今后国与国之间的竞争将更加激烈。很快贸易会自由，汇率也将自由，这些在两三年内就会实现。届时日本在世界舞台上亮相，如果没有实力，日本会陷入贫穷。现在日本有各种各样的保护政策，美国货也好，欧洲货也好，日本都不允许进口。但是一旦贸易自由化，人们就随时可以买到欧美的产品，海外的优质电器产品更是想买就买得到。不在国际竞争中脱颖而出，日本的企业就会衰退。现在虽然也有竞争，但只是日本国内同行之间的竞争，眼下我们要和世界同行竞争了，很容易一败涂地。

松下电器的产品走向海外，与海外制造商的竞争不像和国内同行的竞争那样容易，我们要有所准备。我们必须改善设备，提高自动化水平，提升生产效率，这样才能制胜全球，战胜海外对手。

为此我认为周末双休是必要的。当然平时每天会更忙，现在慢悠悠打电话的情景将一去不复返。原来需要 3 分钟的事，以后只要 1 分钟就得解决。为了提高效率，我们还要进行培训。工厂的生产也是如此，工作8个小时十分辛苦，如果不实施双休制多休息一天的话，疲惫的身体肯定是恢复不过来的。

美国已经这样做了，所以人均产量是日本的几倍。美国的经济活动不断发展提高，与此同时，人们也需要增加享受人生的时间。两天休息中一天放松享受日益丰富的生活，一天恢复体力。如果松下电器不能保障员工周六休息的话，公司很难取得真正的成功。

实行双休制，我们才能作为全球化制造商与别人公平角逐。我们应当调整公司经营的基本方针，5年后引入周末双休制度，保障员工工资不低于同行。

5年前的1956年1月，我宣布实施把220亿日元的销售额提升到800亿日元的五年计划时，社会上很少有人相信，公司里也有人唱衰，说我是在痴人说梦。但是多亏了大家相信我，第4年我们就达成了目标。这里我也想借鉴当时的经验向大家保证："据一位有经验的人士预测，5年后我们一定会周末休息两天。"听完场内一片哄笑。

我相信全体员工都在描绘这样的理想，渴望带领松下电器走上世界竞争的舞台，这是在国际竞争中立于不败之地的根本，也是经营者的职责。1965年4月，松下电器正式施行"每周五天工作制"。

卸任社长

1961年1月,我正式辞去松下电器的社长一职,改任会长。此时距离战后公司重建刚好过了10年,五年计划顺利完成,我也迎来了自己的66岁。

1961年1月10日,先于常规经营方针发布会,我紧急召集了公司董事,提出"事出突然,非常抱歉,我想从今天起辞去社长一职,继续担任公司的会长,稍后我会在经营方针发表会上公布这一决定"。大家都很惊讶,但因为时间仓促,当时并没有人提出异议,"既然您这么说就这么办吧"。

我站上了发布会的舞台。首先对五年计划赶超预期、贸易额突破千亿的业绩表示高兴和感谢,目标是800亿日元,最终完成了1500亿日元,这一飞跃不仅对松下电器意义重大,对日本产业界也至关重要。接着我对经营进行了全面反思,最后谈道:"现在松下电器迫切需要坚强的精神力量,这是我们孜孜追求的目标。为了推动产业发展、国家振兴,我倾注了全部热忱,不仅是松下,我们还要推动日本进步。我们感受到了作为产业人的无限喜悦,这种喜悦是松下人的特色与自豪。"演讲持续了两个小时,我在讲话中多次号召员工发挥精神力量。

演讲结束，我在雷鸣般的掌声中走下舞台。掌声一直没有停止，我转身再次登台发言，示意全场安静后我说道："接下来我想宣布一件我个人的私事。"聚集了3400多名骨干的会场顿时一片安静。

"57年前，刚刚9岁的我来到大阪当学徒，直到今天我做的都是实体生意，为了事业发展，我从未有过一丝懈怠。去年11月27日，我迎来了自己65岁的生日，这让我考虑了很多，也非常感谢大家的大力协助。

关于未来，我认为人还是要服老的。我一直想在适当的时候辞去社长的职务。这一想法最早萌生在我虚岁50岁的时候，我给自己起了'阳洲'的名号，想辞去社长一职退居二线。当时战火纷飞，所以未能实现。战后5年，我个人的经济活动受到制约，公司面临着解体的风险，辞职一事再次搁置，我马不停蹄地奔波，希望可以重建公司。10年后，目睹了今天公司的盛况，我感到由衷的高兴和感谢。

思考再三，今天我终于下定决心辞去社长一职，作为会长在后方守护公司。只要我还活着，我就会埋头苦干，做好松下电器的经营工作，这一人生信条不会改变，但是我清楚自己的体力已经力不从心。我的经营方针不会改变，产业人的使命也不会褪色，希望以今天为开端，明天全新阵容的松下电器大踏步前进，这一想法一定会实现。我的卸任会为公司带来巨大好处，不会有任何负面影响。"

说出自己的决心和想法后，我快步走下舞台。从明天开始，我下定决心回归自己一直想做的PHP研究。

就任会长，守护经营

在我担任会长的第二年，也就是1962年2月，美国《时代》杂志以封面故事的形式介绍了我和松下电器。报道的事完全出乎我的意料，而且美国人好像对我这个小伙计白手起家的成功故事很感兴趣，给予了高度评价。

其实早在1958年，《时代》杂志就以《发明家松下幸之助》为题介绍过我，杂志的销量也很好。刚好我在做精神活动相关的PHP研究，与一般经营者看社会的眼光有所不同。可能这种"与众不同"引起了对方的兴趣，我的照片还登上了封面。

1963年5月，时代杂志社邀请我们夫妇参加创刊四十周年的庆典。当天现场聚集了近2000人，会场规模之大着实让我有些吃惊。活动开始后，首先是时代杂志社会长致辞，接着是曾登上《时代》杂志封面者发言。会场很大，完全看不见坐在远处的嘉宾的脸，主办方特意准备了大屏幕，介绍一位嘉宾时聚光灯会亮起，同时大屏幕还会播放被介绍者的面部特写。一一介绍完毕后，美国时任副总统林登·贝恩斯·约翰逊和国务卿迪恩·拉斯克发表了贺词。我发现，副总统和国务卿登上讲台时，在座人员都会全体起立以示敬意。我觉得很奇怪，就问翻译这是为什么，翻译回答说："在美国，人们行起立礼以表达对副总统和国务卿的尊敬。"后来有一次我在日本参加聚会，池田首相[①]上台致祝辞，在场却没有一个人起立。日美两国都是民主国家，竟然有这么大的差异。特别是号称"礼仪之邦"的日本，对政治家的尊重却远远比不上美国。我觉得这是日本民主主义与美国的显著差距，不应该这样继续下去。

这次参加宴会让我获益匪浅，是一次十分宝贵的经历。

---

① 池田勇人。——编者注

松下夫妻出席《时代》杂志创立四十周年庆祝派对

1964年，东京举办奥林匹克运动会，同年我接受了《生活》杂志的采访。杂志社方面表示将不惜篇幅详细报道，杂志社的摄影师连续4天跟拍我，照了5000多张照片。我对这种拍摄方式没有丝毫抗拒感，摄影师动作快捷而敏锐,不知不觉就"咔嚓、咔嚓"拍了二三十张。"就应该这么照相"——我对摄影师深感佩服,还向他请教了不少。

成刊后我翻阅了报道,文中称我是"最高收入者、温情主义者,还是一位思想家、畅销书作者"。听说那期杂志印了800万册。在第一章"认识松下先生"中,文章将我描述成"身兼亨利·福特和霍雷肖·阿尔杰(Horatio Alger)两人特质的先驱",借用"汽车之王"福特和19世纪著名的美国牧师兼作家阿尔杰两位历史人物评价我。第二章"温情主义"介绍了松下电器员工的部分福利——员工只要花2.7美元就可以结婚,花0.83美元就可以生孩子。第三章则长篇介绍了我的少年经历和现在的活动。

我很惭愧自己居然登上了美国的杂志,但是如果美国人民能通过这篇报道更正确地认识日本和日本人,那将是我的荣幸。

向想当然的"收入倍增论"敲响警钟

1961年,受文艺春秋杂志社委托,我在《文艺春秋》十二月刊上写了一篇题为《收入宿醉》的文章,文章引起很大反响,我还因此获得了"读者奖"表彰。当时池田首相提出了"收入倍增论"的口号,一时间成为舆论中心。人们无视日本经济本质,在经济高速增长的路上一路狂奔,我想就这种现象提醒人们注意不良苗头,所以在《文艺春秋》发文表达观点。

文章中,我回顾了"二战"后日本发展的历程,"日本不是靠自己的力量发展起来的,而是主要依靠他人的力量发展至今。借助外部力量,日本经济在战后16年间取得了巨大发展,但这也给人一种错觉,认为日本的发展全部依靠自己,不少人都持有这样的看法。在我看来,这种观点暗藏危机"。虽然迄今为止日本发展得顺风顺水，但是日本已经出现企业资金紧张、持有外汇减少的问题。为引起日本经济界对当前问题的反省，我做了以下阐述：

"众所周知，16年间，美国的数百亿美金涌入日本，当然还有引进的技术。现在大多企业都没有强烈的危机感，因为它们的资金、技术，甚至连经营方法和思考方式都是舶来品，它们误以为日本靠自己的力量走到了今天。现在日本经济止步不前，急剧出现各种变化，这次经济危机将相当严峻。

政府近期宣布将推进90％的贸易自由化。如果不加速设备现代化改造，生产出物美价廉的产品，我们无疑将在国际竞争中一败涂地。现在物价不降反升，出口增长难以持久，这就是今日的日本。

收入倍增计划固然很好，但是增长需要具备基本的实力。时速50公里的汽车要想提速一倍到100公里，这既对汽车提出很高的要求，又考验司机的驾驶技术。否则，就算时速50公里是安全的，也不敢保证时速100公里不出问题。此外，收入的增加离不开各种振奋国民精神的基础活动。遗憾的是，很少有人认识到精神层面同步发展的必要性。

日本经济的现状是，不少国民沉醉于收入倍增的口号，这种想法很天真。这好比笊篱不留眼儿，水倒进去会流偏一样，我们需要笊篱眼儿，这个笊篱眼儿就是国民的精神。"

1963年8月29日，我参加了NHK电视台的特别节目《与首相对话》，有幸和池田首相当面交流。录制下午7:00开始，在一个小时的时间里，我与池田首相对谈，发表了自己作为国民的看法，倾听了首相的政见。节目中我和首相聊到了物价问题，针对社会中衣食足而不知荣辱的乱象，呼吁大家不要只追求物质财富，还要重视精神层面的教育，因为育人对于国家的未来不可缺少，并就国家需要的理想人才发表了自己的观点。

一个小时转瞬即逝，从国民的立场出发，与总理用通俗易懂的方式对谈，让我十分受益。

与池田首相对谈后不久，应世界管理委员会（简称"CIOS"）邀请，我出席了在纽约希尔顿酒店举行的第十三届CIOS国际经营会议，并以《我的经营哲学》为题发表了演讲。1963年9月12日，我第一次在国外民众面前发表公开演讲。

松下幸之助在第十三届 CIOS 国际经营会议上发表演讲

也许是《时代》杂志报道的缘故，很多与会嘉宾对我表现出兴趣，听众很多。

演讲中，我首先谈到了经营。无论是肯尼迪总统的国家经营还是小镇药店的经营，从本质上来说，两者都是经营。换句话说，国家经营的宗旨是推动国家繁荣发展，谋求国民幸福，而药店的经营更需要关注顾客需求，完善服务。从本质上来看，两者的宗旨相同。而经营的难点也是相通的，一个是怎样让国民幸福,一个是怎样为顾客提供优质服务。

经营者是经营的关键。每个经营团体都需要合适的经营者,对经营者来说,正确的自我评价最为重要。与经营对应,结合经营者的客观自我评价,团体的经营理念就会自然显现。经营不能只看重利益,谋划单纯的扩张,经营者从正确的人生观、社会观、国家观、世界观出发,尊重客观规律,经营理念自然会合乎自然。

经营可能产生过度竞争的问题。无论是日本还是美国,我认为整个世界都被卷入了过度竞争中。不可否认的是,竞争产生刺激,推动人类进步,但如果竞争过于激烈,就会产生恶果。国与国之间的过度竞争会引发战争,战争的本质是罪恶。同样,企业之间的过度竞争也是罪恶的。现在全球都在努力消除国家间的过度竞争,我认为企业间的过度经济竞争必须依靠彼此的良知来消除,因此我们更需要深刻反思经营理念。

发言结束,到了提问环节,几名观众举手发问,突然有人问道:"我认为过度竞争绝对不会消失,因为人类的天性如此,赚了一个亿还想赚两个亿,所以我想和松下先生打个赌，如果像您说的能够消除过度竞争的话，我愿意去日本鞠躬道歉。"

我答道："你这么说是因为你心里觉得过度竞争不会消失。这本身是不成立的，今天我们会议的宏观目标就是停止过度竞争，通过正确的竞争引领世界走向繁荣。你来参加今天的会议却持有这样的想法可有些说不过去。过度竞争完全可以消除，前提是所有人都下定决心，将过度竞争看成是一种罪恶。正如你所说，人无论多有钱都想要更多，这是无法改变的，如果人人都怀有这种想法，过度竞争只会永远存在吧。"

全场观众听罢哈哈大笑。这是一场令人印象深刻的演讲，我至今仍然坚信自己的观点。

1965 年大萧条，亲自上阵指挥

前文提到，我曾将收入倍增比作"宿醉"，还投稿给《文艺春秋》，提醒人们日本的经济发展主要依靠他国力量的事实，警惕经济过热增长。以东京奥运会为分界线，日本经济出现了反向发展。由于经济过热，政府加强金融管控，业界备受经济衰退和产能过剩之苦。中小企业，甚至连日本特殊钢公司、山阳特殊制钢公司这样的大企业都相继破产，世界突然黑暗无光。

家电行业也受到经济衰退的影响，陷入了严峻的境地。越来越多的松下电器销售公司、代理店因为市场恶化而亏损。当时我刚刚担任会长三年多，平时很少和业界人士接触，但看到这种情况后，我下定决心："这样下去不行，我得跟一部分业界人士问问实际情况。"于是我先和公司的干部进行了谈话，并在 1964

年7月，时隔三年半再次在热海的新富士屋酒店召开全国经销商座谈会。

久违地听到大家的讲述，我感到十分吃惊。一家销售公司的注册资金是500万日元，亏损却高达1.5亿日元，亏损金额是注册资金的30倍，而松下还在继续为这家信誉为零的公司供货。有人问我是否赞同这种做法，我生气地回复"当然不行"。接着听下去，有很多刺耳的意见出现了。

有人问我："从我父母那代开始，我们就销售松下的产品了，现在一点也不赚钱，反而亏了不少，松下先生您看该怎么办啊？"

还有人说："我这里竞争很激烈，根本赚不到钱。每天收到不少票据，可是一定有几张是无法兑换的。""赚不到钱""没办法"之类的话此起彼伏。听罢我问众人："请问大家之中有人赚钱了吗？如果有的话请举手。"有30多个人举了手，也就是说，剩下的170多家都在亏损经营。虽说赢利的只有30多家，但也说明在经济衰退中，经营方式不同，还是有赢利空间的。我既惊讶于亏损公司之多，又受到了鼓舞，"只要方法对，还是能赚钱的！"

日本全国经销商座谈会

我向众人说道："今天我来这里是为了找一个药方，一个让大家脱离困境、渡过难关的药方。请大家告诉我实情，不讲实话对你我没有任何好处。大家有任何希望松下电器改变的意见，我们会马上改进，请大家告诉我真相。"听完我的话，一些原本只说客套话或者看起来不太好沟通的人终于敞开心扉，直言不讳地倾诉起来。亏损 1.5 亿日元的经销商说："我这么大的损失，你们松下打算怎么做？松下怎么说，我就怎么做了，甚至压上了全部财产、全身心地投入经营，结果却一分钱都没赚到，你说这是不是你们的责任？"

"话虽这么说，但是如果换成普通的商业交易，是不是早就停止供货了？松下电器毫无怨言地继续给你发货，这难道不说明松下电器是懂通融的好公司吗？你抱怨，其实我更有立场抱怨呀。你说你很努力，但你努力到身体吃不消，甚至尿血的程度了吗？事到如今，抱怨一点用都没有，我们好好想想今后怎么办吧。"

我很认真，大家也很真诚。即使是松下电器这样的大公司，如果销售公司收到的票据无法兑换，公司也会陷入困境。我暗下决心，不管花上多久，我一定会站在台上听大家倾诉，直到大家接受为止。

这次日本全国经销商座谈会原计划两天结束，最后决定延期一天。会议进入到了第三天，经销商对松下电器的抱怨丝毫没有停止的迹象。谈了两天，抱怨还在继续，会议不能就这样结束。我下定决心，由松下电器替大家说出结论，所以我最后站在台上和大家说了这样一番话：

从前天开始，大家就一直在向我抱怨，而我也从公司的角度和其他角度反驳了大家。坦白说，我认为大家都有做得不好的地方，今天参会的企业当中的确有30多家赚到了钱。我从不认为松下说的都是对的，而且我们已经讨论了两天，再讲道理就没有意思了。仔细想想，我想用这句话来概括结论，那就是松下电器确实错了。我们对大家的支持还不够，虽然经济衰退，但一定有能顺利渡过难关的方法。没能做到这一点，这都是松下电器的错，对不起大家！

我想起了将近30年前的往事。那时公司研发了新灯泡，我上门向各位经销商推销。当时的灯泡产品信用和质量还不是一流的，推销时我常跟对方说，现在产品虽然只是"幕下"（相扑中最低级的力士。——译者注），但是将来一定会成为"横纲"（相扑中最高级的力士。——译者注），请一定卖卖看。大部分人听完都直接拒绝我："别的不说，灯泡这类产品是真不想卖。"也有人回复："如果价格便宜点，我可以卖卖看。"可能这样说有些极端，但是没有各位销售商的共同努力，日本就不会产生超一流的灯泡产品。正是希望大家有这样的认识，我才说出请大家帮助产品成为"横纲"的话。

其实我并不知道这种拜托方法是否合适，但是不少经销商回复："好，我知道了！如果你有决心这么说，我就帮你卖。"最后灯泡销量很好。正因为这样，松下电器的灯泡才能在市场中脱颖而出，不断改良后发展成为名副其实的"横纲"。

回首过去，在松下电器的发展过程中有很多这样的故事。承蒙大家爱护和扶植，松下电器不断发展，正因为如此，今天的事情才让我更加愧疚。曾经弱小的松下电器正是在大家的认可和共鸣下，才取得这样好的成绩。

每当想到这些，我都对各位充满感激。松下电器能有今天多亏了大家，在这份情谊面前我没有任何理由抱怨。忘记恩情，对事物的看法、判断、思考就会出现错误，变得软弱。

接下来，我向大家保证，公司会重新出发。

说着说着，我百感交集，热泪盈眶，一时语噎。

这时我发现台下一半以上的人都掏出手帕擦拭眼睛。大家肃然沉默，有生以来我第一次看到这样的情景。

神奇的是,说完这番话,之前戾气冲天的会场气氛陡然一变。

"我们也有错,今后大家重新出发,好好干吧。"越来越多的经销商对我这么说。我体会到了人性本善的含义,只要站在对方的立场上坦诚相待,大家一定会心灵相通,这才是人类的心。

会议结束了,之后才是最辛苦的。我下定决心,首先代替生病疗养的安川洋(后来的副社长)担任代理营业本部长,身先士卒冲在一线。接下来进行销售改革,我曾经在经销商的聚会上讲上4个小时,介绍我的想法,全心全意地投入到行业振兴中。

前文提到过度竞争,我突然想起了1964年10月发生的一件事。当时松下通信工业正式宣布,将完全放弃研发大型办公计算机。

实际上,此前公司已经制订了电子计算机的量产目标,投入了十几亿日元的研发经费,进行了5年多的研究,已经有一两台样品进入实用阶段。包括松下在内,七家电脑公司各出资2亿日元,成立了日本电子工业振兴会,致力于高性能计算机的共同开发。

一次恰巧美国大通曼哈顿银行的副行长来访,聊着聊着话题涉及电子计算机。对方问："松下先生您在做电子计算机吗？""嗯，我们公司正在研发。虽然很难，但是我们认真在做。"

"是吗？您做事脚踏实地，肯定不会有问题的，不过话说日本有多少家电子计算机制造商呀？"

我回答道："日本有7家一流厂商呢。"听罢，对方一脸惊讶地说："是吗，居然有7家公司吗？"我感到好奇，继续询问，副行长说："我们银行的钱借贷给全世界，其中贷给计算机制造商的大多不尽如人意，就算是美国，也只有IBM、GE等屈指可数的几家公司。除了IBM，其他几家公司还在逐渐衰败。日本如果有7家公司的话实在太多了，松下先生您不这么认为吗？"听了他的一番话，我恍然大悟。

"其实我内心也觉得有点多，我觉得日本有3家公司就足够了。"副行长称赞我："这样的想法很明智。"

我思考了很久。虽然很早之前我就有过类似的想法，但是银行方面比我们更了解实际情况，既然对方这样说，这样的判断应该不会出错。想到这儿，我毫不犹豫地决定撤出计算机行业。

话虽如此，下定决心公布后，实际还是遇到了不少的阻力。有形的损失自不用提,社会评价等无形损失也很惨重。有人甚至说:"松下果然没有技术,只能灰溜溜地放弃啦。"

既然决定放弃,就必须忍受这些流言蜚语。日本只要有一两家稳定、专业的电子计算机制造商就可以了,这不是综合制造商加入就能完成的简单工作。虽然策划已久,但我不能意气用事,必须以坦率的心自我判断、独立观察。果然坚持了不到一年,顾客对松下的评价就转变成了:"松下太明智了。"

公司的经营也好,其他事务也好,必须以素直之心认真观察,对错自有评断。旁观者清,身处旋涡之中,当事人很难认清情况,要么意气用事,要么陷入纷扰,不知不觉之中判断失误。正视自我极其重要,经营者决策的时候一定要有这种心理准备。

实施水库经营，每周五天工作制

为了行业的稳定，我作为代理营业本部长重新投入工作。1965年2月，在冈山县仓敷国际酒店召开的第三届关西财界研讨会上，我进行了题为《水库经营和合理经营》的演讲。日本经济因为举债经营、信用膨胀而一片繁荣，但是随着金融紧缩和经济衰退，大潮逐渐退去，我的演讲也受到极大关注。在这次演讲中，我以稳健的欧美企业经营为例，简明地介绍了依靠自有资本自主经营的重要性。

"战后，我国企业依靠借款经营发展到今天。当时是所谓的'非常时期'，这种做法无可厚非。但是在战后20年的今天，战后的非常时期已经过去，国家进入了平稳时期，再理所当然地照搬战后非常时期的做法，依赖信用膨胀、借款经营就是不可取的。我们必须转变观念，转换到正常时期的公司经营模式。我们应当学习美国，将企业经营转型成更留有余地的、稳定的形式，是时候下定决心了。作为其中的一种方式，这里我想向大家介绍一下'水库经营'。

我们为什么要修建水库呢？因为河水白白流走却没有创造任何价值，这实在是太可惜了。而每次洪灾涨水，人们又会蒙受巨额损失，干旱缺水也困扰着我们。如果在河流的适当位置修建水库调节水流，或者进行水力发电，换句话说，把老天爷给的水一滴都不浪费地用起来该有多好，这就是我们建造水库的目的，而且这种做法也更加安全。公司的经营其实也是同样的道理，也就是说，经营上我们也需要这样的'水库'。

下面来说什么是'水库经营'。假设一开始公司有一成的设备富余，即使经济上有微调，需求发生变化，产品也不会因为短缺而涨价，因为打开多余的设备生产就可以了。相反，如果产品过剩，只要关闭多余的设备就可以了，就像根据需求放出水库里的水一样，资金、库存和人力资源也需要这样的水库调节。

如果双方都能够正确认知水库经营的意义，公司就能转变成更加完善、利润更高的经营模式。水库经营将给社会带来真正的稳定和繁荣。"

可能是水库经营引起了巨大反响,很多人纷纷向我提问。我着手经营公司的"水库",取消公司的负债经营。我只愿意向大家推荐我自己相信并在做的事情,当然有两三个人也提出了质疑:"松下那边赚得多可以这么说,但我们这里很难办到,我们都知道水库有调节作用,但实际上没有什么赚头。眼下就是看赚不赚钱、分红多少,根本谈不上什么建水库。"

听罢我说:"那是你决心的问题。下定决心必须做,你就一定能做到。你必须有更坚强的心。美国的企业现在都在这么做,我们如果想都不想、试都不试,那一定做不到。德国和日本一样是战败国,但是德国拥有的独立资本企业难道不比日本企业多吗?"

这次演讲已经过去了15年,很遗憾,如今日本企业依然没有完全实施"水库经营",难道是日本经营者的决心还不够坚定吗?

我在1960年1月的经营方针发表会上发出号召:"不久我们就要在国际舞台上一决胜负了。要想在国际竞争中获胜,每个人都要把效率提高2倍甚至3

倍，与欧美一流企业做好生意，一步也不退让。这样的话，每天8个小时的工作就相当疲倦了。工作5天后如果不多休息一天，身体就无法恢复，更没法享受闲暇时光。换句话说，像美国那样每周做五休二的制度是必要的。只有实现这一点，并在国际竞争中获胜，才是真正的成功。5年之后，我想把松下电器打造成那样的公司。"

但是，距离目标实现的前两年，也就是1963年，原本持赞成态度的工会内部开始出现反对的声音。"哪有那种好事啊，工资一分不少，待遇也和往常一样，还能多休息一天，肯定有什么内幕。或者说这是劳动强化之类的陷阱，咱们可不能一不小心上了贼船。"不少人向我提出各种疑问，我总是满怀诚意，反复向工会说明自己的想法，希望员工可以慎重考虑。的确，从工会的角度来看，这样的好事并不是自己主动提出的，怀疑公司提案有什么猫腻也是理所当然的。不久，公司和工会双方各自选出委员代表，就每周五天工作制的过渡方案进行具体的讨论。

然而，1965年日本经济陷入了衰退的深渊，实行一周五天工作制变得极为困难。日本各方纷纷怀疑，松下电器是否真的要开始每周五天工作制呢？面对质疑，公司按照计划实施的决心非比寻常。一旦实施，如果中途放弃，公司必将成为笑柄。不，如果只有松下电器被嘲笑也无可厚非，但是最糟糕的情况是，整个日本都会成为欧美嘲笑的对象。那样绝对不可以，我下定决心一定将五天工作制进行到底。

"每周五天工作制"实施后的第一个休息日——1965年4月17日当天，我特别召集干部职工谈谈这一天的意义和感想，呼吁全体员工要自觉奋发，切实拿出每周五天工作制的成果。"这在一定规模以上的企业中尚属首次，也受到了社会的广泛关注。仔细想想，从松下电器的整体情况来看，其实我们的体制还在调整之中，结果实施五天工作制的时间节点就到了。为了不被人们说三道四，指责实施这种制度是错误的，我们必须付出相当的努力。

另一个需要考虑的问题：年轻员工增加了一天休息日，如何让大家不是利用这一天出去玩乐，而是作为一名经济人、社会人多充电、多学习？公司不能什么事情都能管到，大家一定要该说的说，该引导的引导，不让员工犯错。现在日本的经济非常糟糕，每天都有公司破产，但是只要能改革销售制度，生产出好的产品，虽然大环境不理想，松下电器的经营基本上保持了稳定。当然公司可能会因为外部的巨大变化遭遇困境，两三年前我就警告过，'经济国难'要来了。松下正好在'经济国难'的时间点宣布实行一周五天工作制，我认为这是很不容易的决断。

希望大家仔细考虑这几点，下定决心打造出比五天工作制的'前辈'——美国更加合理的经营模式，助力日本追赶美国。我还想提高日本人、日本这个国家的国际声誉，希望松下电器胸怀使命，努力前行。"

幸运的是，公司全体员工理解了我的决心，每周五天工作制居然顺利持续到了今天。政治上讲究先下手为强，公司的经营更要早早下手。这一点能够得到全体员工的理解和支持，是我之前想都不敢想的事。

转眼来到了1966年，那一年我正好70岁。我感到自己的身体在急速衰退，当然这是正常的老化现象，可是作为松下电器的会长，我还有很多工作要做。虽然肉体的衰老无法改变，但是我希望自己可以在精神上永葆青春，永远是个"小伙子"。在当时的公司内刊上，我写了这样一段话，坦率地表达过当时的感慨：

几年前,我作为演讲嘉宾参加了一场成人仪式,看到几千名年轻人齐聚一堂,我打心眼儿里羡慕大家的年轻活力。如果可以的话,我愿意放弃一切,只为重回大家的年龄。年轻不仅代表身体正青春,更应当是精神上闪耀着无限的希望,朝着远大理想勇敢前进的青春时代。

就我个人来说,我真心希望自己永远年轻,但是身体逐渐衰老,这是不可避免的。然而人的精神可以永远保持青春,每个人都可以像青年时代一样,每天充满希望,满怀勇气,努力完成自己的使命。我一直以来的愿望就是永远保持精神的年轻。最近,我更加深刻地感受到肉体已然老去,但人的内心绝不应该衰老的道理,这对个人来说是必要的,也是周围环境所需要的。

我将这些想法带给我的灵感创作成一段名为《青春》的座右铭。恰巧当时有机会和时任电力中央研究所所长松永安左卫门先生见面。松永先生当时已经90岁了,有点耳背,所以我得大声和他说话,累是累了点,但通过交谈,我深深感受到松永先生的年轻精神。他的用词非常时髦,见识丰富,学识渊博,听声音看脸都是老人,但听他的话却让人感受到他身上无限的活力。我向松永先生赞叹道:"我最近创作了《青春》座右铭,您正是(保持内心)青春的楷模啊。"松永先生回复说:"哎呀,松下你真了不起,你的想法很好,我非常赞同。"

听说松永先生后来又把这件事告诉了大阪一位社长。那位社长来信说:"松永先生跟我说了这样一件事……"仔细一读来龙去脉,发现说的正是我创作的《青春》座右铭。我再次对老先生肃然起敬,从没有见过这样思维敏捷的老人,他是心灵上的年轻人。感慨于此,我特意把这句话誊写在彩纸上,裱好装进镜框。不少来客看了之后都说想要,也不能每次都写一遍,所以我决定把内容复印裱装,逐一分发给全国各地的经销商和销售公司,听说大家收到后都很高兴。装裱的内容如下:

青春

青春是心灵的年轻,

充满信念和希望，心中充满勇气。

日日新，如此坚持不懈，

青春就永远属于那个人。

松下幸之助

1966 年前后的松下幸之助

现在我已经 85 岁，至今还在重读这段座右铭。

经营是一门艺术，薪酬赶超欧洲

日本经济从所谓的"经济困难"的萧条中复苏之时，行业的竞争也达到了前所未有的激烈程度。换句话说，一两年前经济不景气时，竞争起来总有些力不从心，就像饿着肚子的人进行相扑比赛一样。随着经济逐渐恢复，饿着肚子的人终于摄取了足够的营养，打起了精神，战斗力一下子强大起来，互相开始挑衅角逐，比赛自然就激烈起来了。此时人们认为，为了获得更大的市场，无论是国内销售还是国外出口，竞争都会进入白热状态。

身处激烈的竞争之下，松下电器从没有独善其身，而是淡定地坚持自己的道路，保持思考什么是正确的。虽然这样很难，但我相信，只要我们正确履行被赋予的光荣使命，目标自然就会达成，智慧和才能也会不断涌现，帮助我们克服各种困难。然而同时，我对当时日本的社会形势和思考方法多少有些怀疑，我在1967年1月10日的经营方针发布会的开场白中强调，我们有必要消除社会的浪费、政治的浪费、人际关系的浪费、其他国民各阶层活动的浪费，创造一个健全、繁荣的社会。

发展至今，日本需要好好反省。从根本上来说，我认为日本国民也应当好好反省。战后20年，大家忘我地工作，想着无论如何都要重建日本，任劳任怨。现在我们取得了一些成果，多少有了一些余裕，我们处在一个扪心自问、思考今后方向和活动的讨论期。在这个讨论期中，我们有必要重新出发。换句话说，越是身处这样的历史时期，越有必要审视松下电器自身的发展，规划相应的发展战略。想到这里，我认为是时候改变观念，一边思考国家和世界的发展，一边带领松下电器重新出发了。

我向大家强调，为了重新出发，我不会沉溺于过去的惰性，而是认真思考哪里需要改善，勇敢地"刮骨疗毒"。做到这一点，日本就能够建设起不输给美国的繁荣社会。胸怀理想前进则意义非凡，在这番话的基础上，我发出了新的倡议。

正好在距今7年前，我宣布实施每周五天工作制度，在当时是划时代的。这一制度到今天取得了巨大成功。今后5年，松下电器将会继续协调稳健发展，我希望松下电器的经营、工资可以超越欧洲，接近美国！

工资超越欧洲，其实还要求所有方面都达到与之匹配的状态。一听要涨工资，大家都竖起了耳朵，激发员工的兴趣和希望，这样才能使工作产生价值。具体来说，工资高了，产品质量也会随之变好，日本的国家和社会水平也会水涨船高——作为其中的重要一环，公司的存在和经营必不可少。换句话说，这与进一步提高日本经济水平息息相关。为了5年内实现目标，公司和员工都必须思考应该如何完成。这种态度一定会给其他行业、其他公司带来积极的影响，进而给产业界带来黎明的曙光。深信于此，我提出了这个建议。

4年后的1971年,松下电器的工资标准与欧洲工资最高的联邦德国看齐,5年后顺利超过欧洲,接近美国。

1967年2月,第一次资本自由化浪潮兴起,第五届关西财界研讨会在京都宝池的京都国际会议中心召开,借此机会,我阐述了对资本自由化的看法。

我认为,现状之下,日本经济界想真正独当一面,资本自由化是不可避免的,而且日本其实应该积极寻求自由化,从日本国家和全体国民的角度来看,资本自由化是有利的。前文提到,在同年1月公布的经营方针中,我曾向员工呼吁:"现在正是日本反省战后20年、再次昂首出发的时刻。"在这次研讨会中,我也以同样的心情向出席的经济界人士阐述了自己的信念。

在研讨会上,我讲:"谈到经营的价值,为了让日本的企业发展得更加有力,我们必须互相肯定经营的价值,让外国企业认同我们的经营,精益求精,磨炼经验手腕。我认为高价值的经营其实'就是艺术'。"换句话说,艺术是高价值的创造活动,经营难道不同样是高价值的创造活动吗?举个例子,现在大家想画一幅画，我们用铅笔、颜料、墨水等各种各样的工具在白纸上进行创造。如果观众称赞完成的作品说"这幅画太棒了，画中作者的灵魂栩栩如生"，那么那幅画就是优秀的艺术作品。同样企业的经营也是如此。经营者需要先制定基本方针，就如何招募员工、如何筹措资本、如何建厂、怎样生产和销售产品等问题进行思考，从白纸的状态起逐渐积累，谋求各方面的平衡。经营就是通过不断地创新"无中生有"，在各个方面不断努力创造。如果这些经营活动都实现了平衡，经营者的生命就会呈现出充满活力的跃动状态，让其他人感动，令观众感慨创造出来的美好经营。在我看来，经营本就是这样具有高度价值的艺术行为。

"然而遗憾的是，这种说法并没有得到社会的认同。德川时代有'士农工商'的说法，世人认为做生意是为了赚钱，小瞧生意人，这种趋势现在依然存在。我绝不赞同这种观点。商业将人类共同的生活建设得更加美好，只不过以商业方式经营这门综合性的艺术而已，其中蕴含着真善美，我们的经营为国家、社会做出了巨大贡献。这样来看，其实我们都是综合艺术家。"

上面是我发言的大致内容，针对资本自由化这个问题，我还补充了自己的一个想法：没有资本自由化，经营的艺术也难以发展。画画的时候，如果要求必须那样画的话，一定不会产生自由奔放的艺术作品。同理，只有在自由经济的前提下，经营者才能随心所欲地创造。在资本自由化面前我们不要畏首畏尾，把它当作发挥综合艺术家才能的机会岂不是更妙？有了这种气概，认可经营的价值，我们就不会惧怕资本自由化，强有力的经营才会继续发展。

经济学中并没有"经营艺术性"的说法，我希望这可以成为一个常识，期待更多经营者认识到资本自由化是经营者必须拥有的觉悟，"更是一门综合艺术"。

创业五十周年纪念典礼

1968年是日本明治百年（明治元年为1868年），同时松下电器也迎来了创业50周年。在这个值得纪念的年份，美国副国务卿罗斯托突然作为约翰逊总统的特使造访日本，寻求日本的协助以稳定美元汇率。罗斯托2日抵日，4日就离开，日程很仓促。至今我还记得自己分外感慨："这回美国要变天了。百年之前，可是美国的黑船抵境，逼迫日本开国啊。从这一点来看，国际形势真的发生了风云巨变啊。"

与此同时，"昭和元禄"这个词开始在日本流行，日本人渐渐习惯了奢侈，整个日本沉醉于一片太平的气氛中。在这种情况下，恰逢明治百年的重要节点，我在年度经营方针发表会上呼吁员工们努力成为"昭和维新的志士"，向大家发出号召："今年，我们公司正好创业50周年，今年也是明治百年。政治、产业、教育等各个方面，日本在明治时代全面现代化的浪潮中进入了国家经营阶段。此后日本致力于产业的发展与完善，虽然经历了战争等各种起伏，但是连起时间轴可以发现，日本的国力还是不断上升的。百年之后的今天，日本在很多方面实现了飞速蜕变和发展。

在这个值得纪念的明治百年，世界繁荣的中心——美国正月里派遣总统特使访日。最近，美国的经济也很不稳定，在稳定美元汇率和其他经济问题上，特使表达了希望日本给予协助的意向。百年前，为了学习各国知识，日本必须寻求海外帮助，但是在明治百年这一年的1月，日本一跃成为受美国信赖的国家，这件事意义深远，美国的信赖说明日本已经成了值得全球依赖的国家。

日本的目标是在全球拥有一席之位。作为日本人，我们难道不应当具有明治维新志士般强烈的信念，身先士卒做出全球表率，为世界的繁荣充分发挥昭和维新、世界维新志士的作用吗？"希望国民永不失去成为昭和维新志士的初心。

1918年，松下电器诞生于一间简陋的土坯房里，从生产插座开始白手起家，事业越做越大，最终在1968年5月迎来了创业50周年的重要日子。忆往昔，50年前只有我们夫妇俩埋头苦干，当时做梦也没想到公司会有今天这样的规模。这就是人生之路，我们每天脚踏实地，勤奋工作。既然做了就必须努力去做，所以我决定打破时间的限制，每天从清晨工作到深夜。妻子也和我在工厂住了大约16年，帮我打打下手，照顾店员的衣食起居。

公司不断发展，员工也从创业时的两三个人发展到5年后的百十来人。我本想按照惯例举办5周年的庆祝活动，但是转念一想，如果办了5周年活动却持续不到10周年的话，庆祝就失去了意义，所以决定到10周年的时候再庆祝。结果10周年的时候出于同样的原因再次推迟。20周年的时候，公司业务发展顺风顺水，公司员工数量上千，虽然想举办纪念仪式，但是出于种种原因还是放弃了。25周年的时候正值战争，想庆祝也做不到。30周年的时候，由于战败冻结令等原因，公司活动受到限制，庆祝活动未能成行。

之后的1953年，松下电器的重建步入正轨，公司迎来了创业35周年的重要节点，从年初开始，所有人都斗志满满，想着要好好庆祝一番。恰巧9月我去荷兰出差，途中我亲眼看到、亲耳听到了荷兰和德国的重建情况，这让我认识到自己的想法还太天真，现状也并不尽如人意。虽然纪念仪式很有意义，但为了国家、为了行业的发展，应当等经营基础再稳固一些再庆祝，于是我赶紧从荷兰打来电报，决定将活动延期，直到两年后的1955年，公司才第一次小规模举办了创业35周年纪念仪式。

13年之后的1968年，公司终于迎来了创业50周年，这一年是明治百年，我也到了古稀之年，所以决定这次要隆重庆祝，这也是公司第一次举行名副其实的创业纪念仪式。对我来说，夫妇俩平安迎来创业50周年，其中的喜悦和感慨无法言喻。在华丽而庄严的纪念仪式上，我真诚地向员工们表达了感激之情。"迄今为止，我们一直在思考什么是正确的。所幸过程中公司没有走上歧途，而且得到了社会的各方帮助，终于走到了今天。作为个体，我个人的能力非常有限，多亏了大家的帮助，在公司全体员工齐心协力之下，公司践行了使命，我们终于迎来了盛大的创业50周年纪念典礼"。

隆重的典礼与50年前以谦卑姿态出发的松下公司，两者在我的心中往来交织。公司50年前的面貌和现在的新面貌让我心里充满感激。纪念活动结束后，公司邀请全国经销商参加纪念答谢会，感谢大家的支持，希望今后继续关照。作为纪念活动之一，公司投入50亿日元资金，设立了防止儿童交通事故及灾害的专项基金，分15年捐赠给全国各都道府县。

就这样，50周年纪念活动在喜悦和感谢中顺利落幕，以50周年为契机，我的内心也发生了变化。"如果说过去50年，松下电器还像婴儿一样在母亲的怀抱里啼哭的话，那么今天，松下终于长大成人，向世间发出了震耳欲聋的声音。接下来才是真正的开始，让我们为子孙后代好好努力吧"，我把自己的决心传达给了员工，发誓带领松下电器向新的50年继续前进。对我来说，这真是意义重大的一年。

创业 50 周年纪念仪式上，松下幸之助和夫人梅野

振兴人口稀少地区,开设世博会"松下馆"

1968年10月,偶然一次机会,我来到四国的高知县参加关西经济界举行的联席会议,与高知县的经济人士座谈。会后是座谈会,有位当地人感慨:"我们现在太寂寞了。"我很纳闷儿,仔细询问了一下才得知,"高知县每年有约7000人流失到县外。10年前县内的人口将近90万,现在减少到了80万。这种趋势愈发明显,不少肩负未来的年轻人也流失到县外的大城市,甚至有村子整体消失。在当地做生意,县里人口不断减少,我们感到很落寞。人们惴惴不安,这样下去未来将是什么模样。我一直在思考有没有办法能够留住人口,推动高知县向前发展,但是,光靠我们的力量却无济于事呀"。

再看看公司所在的大阪,这里人口逐年增加,多到令人发愁的程度。如果一直这样增长下去，大阪就会过度拥挤，人们寸步难行，实在令人头疼。正因为这样，我做梦都没想过人口减少会是如此寂寞的一件事。这番话触动了我，原来站在高知县人民的立场，人口流失是如此地落寞。我不禁思考，如果大阪的人口一直减少，会不会是同样的感觉。

我决定今后多在地方建厂，让年轻人有机会留在家乡工作。有为的年轻人都来到大城市，最主要的原因是家乡没有适合的岗位。为了振兴人口稀少地区，这一问题必须解决。到目前为止，企业建厂时一般都会优先考虑经济性，然后选择区位条件好的地方。从为消费者提供物美价廉的产品的企业使命、社会责任来看，这种做法无可厚非。但是从现在日本的情况来考虑，虽然经济性稍差，但是去人口明显减少的县建厂明显更有意义，在更高的立场上践行企业的使命也是当今社会的要求。就算将经济性放在第二位，我也下定决心要在人口稀少的地方建厂。

调查数据显示，人口流失率最高的地方是岛根县，但流失绝对数量最多的是鹿儿岛县，据说每年有1万多人流到县外。于是，我决定先在鹿儿岛县开设工厂，一次席间偶然谈到了这件事。第二天媒体马上进行报道，鹿儿岛县给我发来了电报，表示知事和商工会议所都希望松下来县开厂，甚至用上了"举县欢迎"的郑重字眼，这让我深切感受到了人口稀少的影响。

基于这一理念，以鹿儿岛县的伊集院町为首，之后公司修建的工厂遍布日本全国。目前九州、四国全县工厂建成投产，只有10个县没有松下的工厂。各个工厂深受当地欢迎，得到了大家不遗余力的协助和理解，从各个层面来看都取得了成功。

人口过少、人口过度集中的问题是21世纪日本面临的重大社会问题之一。如果问题恶化，不仅是经济、政治、治安，其他各个方面都会受到影响。我们有必要将防止人口过度集中作为基本政策，举全国之力思考对策，全心全意地解决问题。只有这样做才能使整个日本的发展更加平衡、健康。

1970年，日本世界博览会在大阪千里丘陵召开。松下集团也决定参加这次国际性盛事，可是到底以什么形式参加才好，这让我思考了很久。日子越来越近，很多企业都纷纷发表声明参会，还提出了具体主题，拟定了具体构想，松下集团也想参与的话，必须抓紧时间确定参会形式。我虽然想以符合国际活动的方式参加万博会,却始终没什么好主意。当然我也听取了公司内部很多人的意见,但没有什么决定性的建议。

一次,偶然有人给我看了一张照片,我顿时被吸引住了。那是建筑师吉田五十八先生设计的奈良中宫寺御堂的照片,瞬间我就被那建筑所吸引。好!就以此为范本设计松下馆吧。我马上邀请了吉田五十八设计师,向他提出了请求。"老师,是您设计的中宫寺吧?""是的。""那您能把中宫寺的感觉融入到松下馆吗?不需要完全相同,请把周围全部改成池子,让松下馆好像浮在池子里一样,样式仿照中宫寺御堂就可以,其他就都交给您了。"

很快松下馆建成了。不愧是吉田老师,池面上的松下馆摇曳生姿,周围的竹林相得益彰,庄严中充满温情,让我们感受到了日本建筑独有的魅力。相信这样的设计会让到访松下馆的观众们重新找回内心的安宁。

日本世界博览会的松下馆

松下馆内部还展出了时间胶囊，与"传统和开发"的主题相称，希望可以将现代文明传达给五千年后的人们。时间胶囊原本是松下电器创业五十周年纪念活动之一，公司与每日报社共同策划，考虑到在世界各地的人们都会来到世博会现场，展示意义更加重大，于是决定将其作为展品展出。

五千年后是多么遥远的未来。五千年间，将现代文明完整保存并传承下去，这是一项需要强大技术和智慧的工作。技术委员长专程拜托了东京大学名誉教授、日本学术振兴会会长茅诚司老师，选定委员长则邀请到了大阪大学名誉教授赤掘四郎老师，活动获得了日本"最强大脑"的支持。技术委员会在23位专家、选定委员会在27位专家的指导下，分别开始了五千年后保存文化的筛选工作。

松下馆的另一大特色是观众可以在悠远的琴声中尽情品茗。参观世博会后观众一般都有些疲惫，平时人们可能很少有机会接触茶道。在这里，观众们可以观赏京都先斗町、大阪南北新地的艺妓茶道表演，暂时忘记时间的流逝，品清茶滋润干渴的喉咙。

我想在松下馆展示日本文化的美和深邃，馆内的传统建筑美、茶艺美都是日本传统精神淋漓尽致的体现。会议期间，来自海外的各国公主、元首、学者等多次莅临松下馆。我陪同了近一半的来宾进行参观，大家对日本之美赞不绝口。好不容易在日本举办世博会，如果只是小打小闹就结束了未免太过可惜，希望更多观众可以理解日本之美。

幸运的是，连日来松下馆迎来了很多观众，大家感到高兴，我自己也喜悦异常。

1971年4月，出于保护"日本人心灵的故乡"——

奈良飞鸟的目的，我们成立了财团法人飞鸟保存财团，我本人出任财团理事长。我接受这一任命的背后，其实还有这样一段插曲。

我的针灸老师里有一位叫御井敬三的老师（几年前已遗憾离世）。御井老师常常边给我针灸边对我说："飞鸟是日本人心灵的故乡，一定要永远保存下去呀。可是在开发浪潮的推动下，它现在成了风中残烛。事到如今，如果还不采取措施的话，一定会给后人留下遗憾的。"御井是个非常聪明的人，虽然眼睛看不见，但却有不同于寻常针灸师的深刻见解，对飞鸟的历史也非常感兴趣，只要有时间就会去明日香村①，亲近飞鸟的土地，对飞鸟的现状自然有着更深的忧虑。耳濡目染之下，我虽然没有去过飞鸟，但对那里也产生了兴趣和共鸣。

一天我对御井老师说："老师，我明白你说的话了。但是我没有去过那里，没法进行详细的说明。请把你的想法录下来，十分钟就可以，我每月见一次佐藤首相，到时候我向首相先生说明问题。"老师听完非常高

---

① 明日香村是奈良县中部的村，该村内发现了大量飞鸟时代的宫殿与史迹，也被很多人称为"飞鸟"。——编者注

兴，马上着手录制磁带，介绍了飞鸟的重要历史意义、放任不顾消失的危害，失去飞鸟日本人可能失去精神支柱等。很快他把一盘宝贵的磁带交给了我，里面饱含着呼吁政府全力保护古迹、将其作为国家课题的真切建议。

不久后我见到了佐藤首相，我建议道："佐藤首相，我收到了一盘热心人士寄来的关于明日香村保护的磁带，能麻烦您听一下吗？"首相和关西金融界长老级别的重要人物一起听完了这盘磁带，据说在场之人无不动容。首相说，"原来如此，我明白了。明天正好有内阁会议，趁此机会也让大家都听听吧"，便将磁带带了回去。或许是御井老师的想法感染了大家，各位部长也产生了共鸣。很快相关阁僚前往飞鸟，佐藤首相本人也找机会亲自访问，在御井老师的带领下，站在甘樫丘上宣布："政府也好，广大国民也罢，大家要好好保护这里。"

回到东京，基于首相指示的宗旨，党内立即成立了以桥本登美三郎议员为会长的保护飞鸟古京议员联盟。但是，政府很难兼顾细节，最后决定改为关西财界负责保护工作，拨发基金进行援助，政府也予以补助，这样飞鸟保存基金会就诞生了。"提议这件事的是你，松下你得做基金会的理事长啊"，就这样我接受了理事长的任命。

这不是一件容易的差事，但是意义重大。在政府、金融界、学术界等各方协助下，我们详细研究了保护方案，筹集了大量资金，还建立了研修所，积极推进各项保护工作。

飞鸟保存基金会成立不到一年，高松冢古坟的壁画就被考古人员发现，引起了日本国内巨大轰动，飞鸟的名字也一下传遍了日本。大量游客蜂拥而至，但人数太多会妨碍文物的保护工作，于是政府决定将古墓永久封存，不对公众开放。财团方面则将古墓周边的土地买下来建成了遗迹公园，修建了与高松冢类似的景观，还邀请了画家前田青邨临摹了壁画，供游客观赏。1977年3月，壁画摹本正式在高松冢壁画馆展出并向公众开放。正是因为成立了飞鸟保存财团，我们才能取得这样的成绩。

日本有两千年的悠久历史，我们必须举全国之力保护日本的古老文化和传统，立足当下国庆，这份感情愈发深沉。

卸任会长，新的开拓

1970年的世博会之后，我的身体每况愈下，我深深感受到了自己的衰老。之前我就想过不能一直担任会长，现在是考虑卸任的时候了，但是什么时候卸任，我还没有具体的想法。

1973年下半年的一天，我突然意识到，这一年是松下电器创业五十五周年，我也刚好虚岁八十，这不是一个很好的机会吗？想到这里，我下定决心为会长生涯画上句号。同年7月19日，我正式宣布辞去会长一职，转而担任公司的顾问。

其中还有个小插曲，发表决定后，我将公司的中坚干部召集到一起，和大家作离任道别。以下是当时的讲话内容：

今天的决定给人一种突然的感觉，其实很久以前我就在考虑这个问题了，只是一直没有确定具体的卸任时间而已。转念一想，今年我正好虚岁八十，又是公司成立五十五周年，现在可能是最合适的时期，这个想法是我拿着五月决算案参加股东大会的时候突然产生的。按照惯例一般在大会后的董事会上发布人事变动，所以匆忙之下我下定了决心。

从常识来说，卸任应当提前和公司干部、需要沟通的人商量，之后再决定是去还是留，但是直到大会开始前三天，我才终于下定决心辞去会长一职，所以抱歉没有时间逐一和各位沟通。在此后的两天中，我向驻守大阪常务董事以上级别的干部传达了自己的决定。大家纷纷表示支持，时机也刚好成熟，"剩下的事情不用担心交给我们就可以"。听到大家赞同的声音，我终于放下了心，虽然过程曲折，但是终于赶上了时机发表卸任声明。

事出突然，幸运的是各家媒体的态度都很积极，有的报纸甚至用了3个版面进行报道，消息通过电报传讯还登上了海外报纸。很多电视台也纷纷来采访，我一一接受了采访，卸任的消息瞬间传遍了日本全国。

后来我也看了电视的报道，电视上自己的模样让我很惊讶。无论是说话的声音还是容貌，我都是一副耄耋老矣的神态。之前一直没有发现，但是自己确实上了年纪，还以这种姿态工作，这也让我更加庆幸自己做出了卸任的决定。

会长卸任的记者招待会

回想起来，我之所以能有今天，主要是因为社会教会了我很多东西。静下心来思考，成为创业的会长，将公司传承给下一代，这一切都得益于我"以人为师，尊重顾客，以礼相待，谦虚相接"。

不知是不是辞去了会长卸下重担的缘故，在那之后我的身体渐渐好转。但是卸任不到半年，石油危机就席卷而来，日本陷入了前所未有的混乱局面。

目睹惨状，我意识到这样下去日本将会破产，虽然自己作为松下电器会长的责任已经结束，但今后作为日本国民，自己必须为祖国做点什么，放任不顾的话国之将亡，日本面临着战后三十年的巨大冲击。

在"我的履历书"专栏中，我曾介绍了1950年7月至1973年二十四年间（包含1950年和1973年在内），松下公司重建的具体经过，过程充满波折，回头看来，这正是日本经济高速增长的缩影啊。

1973年7月，我从公司顾问一职卸任。没想到不过半年就发生了意想不到的石油危机，世界和日本经历巨大动荡，政治和经济一片混乱。之前卸任会长时，我曾说过："只要怀着一颗自由的心，无论刮风还是下雨，前行之路都会柳暗花明。如果沉迷一件事情无法自拔，好天气的时候还可以，下雨刮风的时候定会步履维艰，事业也绝对不会成功。"数月之后，别说"下雨"了，整个日本马上就要经历巨大的"暴风雨"。战后30年来,日本在政治、经济、社会各方面的天真和隐患马上要同时爆发。

身为一名日本人,面临国情剧变,作为一个商人、一名百姓,如何去应对问题,怎样思考日本的国家经营,考虑和行动的事情简直堆积如山。记录下这件事意义重大,但遗憾的是限于篇幅,这里暂不介绍。在"我的履历书"专栏中,我以自己作为经营者的事业发展为主线,很少涉及自己作为个人的人生感悟。希望之后有机会能把这些内容补充进去。

现在我在考虑一件事。我本人生于明治时代,我们这一代人历经明治、大正、昭和三个时代,常常扮演着社会领导者的角色。当然,承担战后重建任务的也是生于明治时代的人。这些人现在年事已高,最年轻的人也已经69岁了,大家逐渐退出一线,因为一直在前,会被认为影响年轻人发展。

我个人并不赞同这种观点。如果现在日本发展顺利当然没有关系,但现状是日本并没有完成战后30多年的复兴。经济高速增长是件好事,但是相关的各种问题也接踵而来。总体来说,眼下的复兴只是单方面的复兴——物质上的复兴,而不是物质和精神两方面的复兴。这样的话我们还能功成名就之后就马上隐退吗？举例来说，现在就像刚刚制造出了一辆单轮车，明治人就拍拍大正人、昭和人的肩膀，说句好好干吧，然后就甩手而去。这是卑怯、也是不负责任的做法。我必须履行自己的责任。

抱着这样的想法，在"二战"结束30周年的1975年，我下定决心要再活上26年。这样我就跨越了19世纪、20世纪、21世纪三个世纪。26年间，我将继续作为日本人认真考虑祖国如何应对21世纪的全新挑战。

我在1975年"二战"结束30周年的纪念演讲会上这样说过，也在表彰获奖者的大阪褒绶会上讲过这番话。现在不是明治人表彰加身而功成身退的时候。大家的想法我不得而知，但我感觉自己重新年轻起来了，我将重新书写自己的人生履历。

附录（一） 从松下幸之助的人生中学到的东西

江口克彦（PHP研究所副社长）

救世主一样的存在

如果用一个词概括松下幸之助的一生，我认为应当选择"救助"这个词。家道中落，被迫过着贫穷的生活，想要的东西也无法得到。身处那样的时代和环境，松下幸之助首先开始"从物资的匮乏中救助"自己。随着人生进程的发展，不知不觉间，松下幸之助的救助范围不断扩大，拓展到周围的人、广阔社会的人乃至其他国家的人，他希望全世界的人都可以衣食无忧。

松下本人没有经历过比贫穷更痛苦的事情。正因为如此，他才想通过生产电器产品，给更多的人带去喜悦和富足，我认为这也是一种救助。松下将产业人的使命归纳为"自来水哲学"，听起来可能有些晦涩难懂，其实这就是他"作为救助者的宣言"。人们因为穷而买不起想要的东西，或者迫于生活无奈偷窃别人的东西，松下真心想改变这种现状，所以提出了"自来水哲学"。

松下意识到了"物质的贫穷"，很快他又发现了另一种形式的贫穷。太平洋战争结束后，在战后混乱的社会状态中，日本人失去了精神自信，悲观失望，意志消沉。见状，松下决定改变方向，从物质上的救助转向心灵的慰藉。松下这份对精神重建的渴望也成了PHP研究所活动的起点。

终其一生，松下幸之助始终热心救助他人，令别人愉快，满足他人，这也是他毕生孜孜不倦追求的目标。

当然，松下也是普通人，早年也有嫌弃"自己庸俗"的时候。但是当自我逐渐消失，或者说周围的人比自己、日本社会的人比周围的人、全世界的人比日本社会的人更重要时，他的想法开始转变，并且伴随着自我和事业的成长而不断升华。虽然松下本人没有这样说过，但我认为他是名副其实的"救世主"。

人是万物之王

与松下幸之助有同样悲惨遭遇的人不止一个，但是最终获得长久的事业成功又胸怀高尚的精神的却只有他，一切的契机是什么呢？松下偶然谈起过自己独特的人生观、宇宙观和经营观，这给了我思考的灵感，其实一切在创业之时就埋下了种子。

首先，松下幸之助谦逊识人。接触到陌生人时，他总是能准确辨别这个人很厉害、那个人懂得多、这个人是不是也这么想，这种本领让我望洋兴叹。

松下幸之助小学就辍学了。他始终认为，光是对方已经从小学毕业这件事，就说明人家比自己有智慧吧。胸怀这样的想法，他每次见到陌生人都会觉得对方很厉害。松下幸之助还有一个最大的优点，他从不和别人比惨，不嫉妒别人，也没有偏见。26岁前他不幸失去了所有的兄弟，也许我的猜测和他真实的情况有偏差，但是从他从不抱怨社会来看，他对世界没有任何恨意，这是松下幸之助人性素质的一大体现。

23岁创业，为了扩展业务，公司开始招募新员工。以意想不到的决心决定创业，此时松下终于意识到自己居然成了公司的经营者。不知不觉，松下公司的员工人数超过了1000，过了一段时间居然破万。他不觉得自己有卓越的能力和手腕，这样的自己居然当上了经营者。从这一事实来看，我认为每个人都拥有尚未被发现的强大力量。想着想着，"思考的经营者——松下幸之助"的形象跃然纸上。

在长达80年的实业生活中，松下幸之助常常感慨："果然人是最厉害的。"基于这种想法，他不断拓展思维的广度，联想到人、地球和宇宙，最终得出了自己的判断——"人是万物之王"，人的身上有王者的尊严。

松下幸之助的思维结构

洞察松下幸之助的思维结构大有裨益。之所以这么说，是因为松下幸之助向世人讲述了自己对经营、人生、社会等诸多方面思考的结果，但他本人却对所谓的专业哲学书籍，包括歌德、尼采等哲学家晦涩难懂的著作一无所知。

那么，松下幸之助思考的方法、构思的原点是什么呢？其实答案很简单，而且也并不特别。因为自己无知,所以松下拼命思考、反复考虑,用自己通俗易懂的语言表达深思熟虑的结果,仅此而已,这就是"人是王者"等名句的来源。没有人会特意用词典查询"王者"的意思,读到"生成发展"时自然就会领悟,这些名言警句的意义丰富而深远。

松下经常一语中的,语言充满说服力。除了这是他经过深思熟虑说出的真心话之外,我找不到其他理由解释。

不过,松下的想法的特征并不是二次元的平面思考,而是呈三次元螺旋状上升的。我们常说的"保持思考"就是在二次元平面上徘徊、不时回到原点的思考状态。松下的想法是三次元螺旋状的,这个螺旋包括"宇宙""自然""经营""生物"等多个维度。

螺旋的中心是"自己的人生"。从贫穷、不幸的状态逐渐向前,松下的人生就是他深刻思考的基础,他的人生中蕴藏着只要依照自然规律努力就能安然度过一生的想法。

螺旋的中心轴上还有很多螺旋,推动松下思辨。例如,从"历史"的轴心来看,人类探索和学习历史,肯定作为根基的人类成长、发展和繁荣的意义。正因为现在存在不足，所以未来才会向更好的方向发展。由此而知，虽然松下思考的原点是"自己的人生"，但从人生延伸开来，他会思考自己的公司，人类与宇宙的关系，甚至推测出"宇宙诞生与发展"的方向。松下的思考就是从自己出发，延伸到各个维度，甚至还会发散到宇宙。

创建PHP研究所可能也是因为他自己受过苦的缘故。虽然自己和公司都取得了一定程度的成长和发展，但随着第二次世界大战的结束，资产流失，债务缠身，GHQ还限制了公司的经营活动，一切都不尽如人意。

越是这样，松下越能发挥自己的优点。他从不怨恨社会，也不耍小聪明偷税漏税，而是勇于突破自我。换句话说，自己痛苦，别人也不如意，自己只是尽了国民的义务而已，为什么要承担这样的痛苦呢？松下想出的答案是社会政治结构存在问题，这也促使他成立了PHP研究所。

思考者松下幸之助的侧影

和松下幸之助一起工作了22年，让我印象深刻的是,虽然他也会谈到公司经营理论,但更多情况下是在闲谈时表现出哲学家的一面,常常谈起宇宙是什么,自然规律是什么,政治的本质和生产率是什么,社会现状如何等。公司赚不赚钱最多只占据了我俩对话中的三成,剩下的七成是在谈他自己对事物的思考和追求。

有一次,松下幸之助邀请大德寺的立花大龟老师下午见面。上午我们在他落脚的京都别邸真真庵的走廊里闲聊。松下问我:"和平、繁荣、幸福,你说实现这些目标的手段到底是什么呢?"经过我俩一番讨论,最终得出的结论是"素直之心①才是最终利器"。

下午和大龟老师见面的时候,松下向老师阐述了自己的这个发现。

"人一直在追求和平、繁荣和幸福。我和这个人(指我)聊了之后发现,最佳的实现方法还是拥有素直之心啊。"

平时多是这样的对话,我们都不觉得松下是位高高在上的企业家。

---

① 松下幸之助在《拥有一颗素直之心吧》一书中集中论述了"素直之心"。——编者注

听前辈说，自1946年11月3日创立PHP研究所以来，松下幸之助一直在自己思考宇宙根源和自然的规律，和很多人交流过自己的想法。一有好的发现和想法，马上就会和其他人分享。

松下幸之助没有将思考局限在经营的框架内，而是超越了经营，构建了很多哲学、或者说思想的体系，他还会在松下电器的经营中实践、验证自己的想法。

当下需要什么样的经营者

松下幸之助经营的松下公司特点十分明显，那就是站在人本主义的立场上，致力于"为世界、为人类"而行动，而且采用的多是素直的、符合自然规律的手法。

人为何而生？人不会无缘无故地出生，世人皆有使命，只有理解了这一点才能明白松下电器的使命。人、自然、宇宙都在发展，所以松下电器也必须努力发展。

现在经济形势愈发严峻，从经营者的角度来看，我认为当今的经营者往往并不具有自己的哲学。

从某种意义来说，松下幸之助及同时代的很多知名企业家都拥有超越经营的哲学，比如人生观、社会观等。然而遗憾的是，现在的经营者们却很少有这样的想法。自己的公司顺利就好，自己还在公司就好，有名有钱就好……充斥着利己的自私精神。

现在的企业家更需要学习松下和与之同时代经营者的"利他精神""救助精神"，多向他人伸出援手，多让别人感到喜悦和富足。

如今的经营者们片面追求利益，人们完全感受不到他们对社会、对政治、对时代发展的真挚使命感。

而当我看到松下幸之助的时候，我感受到一种人类法理，那就是"经营者"有着自己的成长过程。换句话说，拥有自己的哲学本身与经营者的成长息息相关。

如今人们创业，虽说也有为实现梦想的成分在，但不可否认的是，想成功、想发财、想出名、想开辟一片事业的目的更加强烈，几乎不会有人想着"为世界、为人类"而创业。而且抱着这样的想法，靠风投创业可能根本不会成功。

但是一旦成功了，之后作为经营者如何成长就成了关键。同样的道理，孩子在长大成人的过程中，起初是只想着自己，之后渐渐地为家人、朋友着想。以此类推，经营者也应当先为自己，然而是为公司，随着公司的壮大，时代的变迁，最终"为世界、为人类"作贡献。如果脱离这样的轨道，必然会陷入失败。

用个不好听的词来形容，现在很多经营者都是半吊子的"巨婴经营者"。听起来有些刺耳，希望经营者一定要追求人性的成长。

本书虽然并不完整，但以写实的方式将松下幸之助的大半生娓娓道来。如果各位读者能读懂文字背后蕴藏的思考和成熟观点，想必一定会开卷有益。

附录（二） 松下幸之助大事年表

（本书正文中用虚岁计算，年谱中按照周岁计算。）

年份	年龄	事项
1894		11月27日，出生于和歌山县海草郡和佐村千旦之木，是松下政楠与德枝的第三个儿子
1899	4	因父亲松下政楠米市投资失败移居和歌山市市内
1901	6	进入和歌山市雄寻常小学上学，大哥、二哥、二姐相继病逝
1902	7	父亲松下政楠只身移居大阪，在私立大阪盲哑院供职
1904	9	小学四年级中途退学，只身前往大阪，在大阪市南区（现中央区）八幡筋宫田火盆店当伙计
1905	10	在大阪市东区（现中央区）船场堺筋淡路町五代自行车铺当伙计
1906	11	父亲松下政楠病逝

(续表)

年份	年龄	事项
1910	15	辞去五代自行车铺的工作,成为樱花水泥公司的临时搬运工 作为内线员实习生入职大阪电灯公司
1911	16	由内线员实习生晋升为最年轻的正式技工
1913	18	进入大阪市关西商工学校夜间部预科学习,母亲德枝病逝
1914	19	从大阪市关西商工学校夜间部本科中途退学
1915	20	4月4日与井植梅野(19岁)结婚
1916	21	申请新型实用改良插座专利
1917	22	由技工晋升为最年轻的检查员 从大阪电灯公司辞职 开始在大阪市猪饲野生产、销售插座、电灯
1918	23	3月7日,在大阪市北区(现福岛区)西野田大开町设立松下电器器具制作所 开始生产连接插头、双灯插头
1920	25	确定M箭社徽、商标 全体员工28人成立步一会(1946年公司成立工会后解散) 设立东京驻在所(后改为东京办事处)
1922	27	大阪市此花区(现福岛区)大开町总公司第一工厂竣工,共有员工50名 开始员工寄宿制度

(续表)

年份	年龄	事项
1923	28	设计发售炮弹形电池式自行车灯
1924	29	首次召开代理店大会
1925	30	将电池灯的全国销售权和灯泡的商标权转让给山本商店 被推选为大阪区区议会议员选举候选人，得票总数位居第二，成功当选
1926	31	从山本商店买回电池灯的全国销售权
1927	32	成立电热部门开始生产销售电熨斗、电暖炉等 与住友银行开始往来 角型灯首次贴上"National Lamp"的商标发售 创办面向销售店的内刊《松下电器月报》 创办公司内刊《步一会会志》
1928	33	公司月销售额突破 10 万日元，员工总数达到 300 人
1929	34	公司改名为松下电器制作所 制定公司纲领和信条，确立松下电器的基本方针 大阪市此花区（现福岛区）大开町总公司第二工厂竣工 销售插座、电暖炉 由于发生全球性经济危机，员工只工作半天，生产减半，全额支付工资，未解雇一人渡过危机难关

(续表)

年份	年龄	事项
1930	35	超级熨斗被商工省指定为国产优质产品 发售收音机
1931	36	作为全公司的活动,庆祝第一批产品出货 在天王寺公园运动场举行第一届公司运动会 研发部制作的收音机接收器在东京中央放送局(NHK)的收音机组比赛中获得第一名 收购小森干电池公司,自主生产干电池
1932	37	成立贸易部,着手出口业务 将5月5日定为创业纪念日,举办第一届创业纪念仪式 阐明产业人的使命,将这一年定为知命元年 收购日本无线通信株式会社所有的无线电相关专利,并无偿公开
1933	38	实施事业部制,开始早会夕会制度 确定松下电器应遵循的"五大精神" 大阪府北河内郡门真村(现门真市)总公司第三工厂竣工
1934	39	成立松下电器店员培训所,出任所长 创办《松下电器所内新闻》
1935	40	将松下电气器具制作所改组为股份有限公司,成立松下电器产业株式会社 改原来的事业部制为分社制,设立9个分公司

（续表）

年份	年龄	事项
1936	41	开设松下电器工人培训学校 NHK播出《谈实业之道》
1938	43	在高野山修建的已故员工慰灵塔竣工
1939	44	NHK播出节目《通过我的体验对各位店员说》
1940	45	召开第一次经营方针发表会（之后每年召开一次） 松下医院竣工（现松下纪念医院）
1945	50	把M箭社徽改为三松叶的图案 "二战"结束。第二天召集干部员工，呼吁回归和平产业重建祖国 8月20日，"告知松下电器全体员工"特别训话，呼吁做好应对困难局面的觉悟
1946	51	成立松下电器工会，出席成立仪式并致贺词 11月3日成立PHP研究所，出任所长
1947	52	创办《PHP》月刊
1949	54	在年初的经营方针发表会上呼吁克服经营危机 为了合理重建企业，首次提出给自愿提前离职者办理手续 负债10亿日元，被报道为"税金滞纳大户"

(续表)

年份	年龄	事项
1950	55	情况终于好转，经营开始摆脱危机 在紧急经营方针发表会上发表经营重建声明："在暴风雨肆虐的情况下，松下电器终于站起来了。" 恢复事业部制 PHP研究活动暂时中断（1961年重新开始）
1951	56	在年初的经营方针发表会上，他呼吁"松下电器将从今天重新开业！我们要以这样的心态经营企业" 第一次、第二次欧美视察
1952	57	飞往欧洲，与荷兰飞利浦公司达成技术合作意向
1953	58	创办《PHP寄语》 第三次欧美视察
1954	59	与日本胜利公司合作 在《文艺春秋》五月号上发表了《观光立国之辩》 创办公司内刊《松风》
1955	60	就任关西经济联合会常任理事 就任大阪府工业协会顾问
1956	61	在经营方针发表会上发表五年计划 就任经济团体联合会常任理事 就任日本4H协会会长 被授予蓝绶奖章

(续表)

年份	年龄	事项
1958	63	获得荷兰政府授予的奥兰治-拿骚司令勋章 就任内阁旅游事业审议会委员 《纽约时报》刊载文章介绍松下幸之助
1959	64	成立关西日兰协会并就任会长 《金融时报》(伦敦)刊载文章介绍松下幸之助
1960	65	在经营方针发表会上宣布"五年后实施每周五天工作制" 成立松下电器工学院 夫妇二人访问荷兰
1961	66	辞去松下电器社长一职,就任会长 被授予"和歌山市名誉市民"称号 获得日本宣传奖 在《文艺春秋》十二月号上发表了《收入倍增的宿醉》(第二年入选读者奖)
1962	67	登上《时代》杂志封面 就任大阪商工会议所常议员 NHK播放专题节目《一位凡人的成功》 担任日本国有铁路咨询委员会委员

(续表)

年份	年龄	事项
1963	68	出席时代杂志社创立四十周年庆典 在NHK特别节目《与总理对话》中与池田首相对谈 就任中央教育审议会临时委员 就任近畿圈整备审议会委员 在CIOS主办的第十三届国际经营会议（纽约）上演讲
1964	69	在热海召开全国销售公司、代理店社长座谈会 作为代理营业本部长，负责指挥公司经营 《生活》杂志刊登名为"松下幸之助及其事业"的特辑 成为门真市第一位名誉市民
1965	70	就任国立京都国际会馆（财）理事长 实行双休日制度 获得日本政府颁发的勋章二等旭日重光章 被授予早稻田大学名誉法学博士学位 在关西财界研讨会上发表了"水库经营论"
1967	72	在经营方针发表会上提出"五年后要超过欧洲的工资水平"

(续表)

年份	年龄	事项
1968	73	松下电器历史馆开馆 举行松下电器创业五十周年纪念仪式 获得巴西政府颁发的文化功劳勋章 就任发明协会会长 参加NHK特别节目《与佐藤总理对话、畅想明治百年》 修建科学和工业的先驱者之像（爱迪生像等）
1969	74	访问飞利浦公司
1970	75	被授予一等瑞宝章 创办国际版英文杂志《PHP》
1971	76	就任飞鸟保存财团（财）第一任理事长 获得庆应义塾大学名誉博士学位
1972	77	获得比利时国王授予的王冠勋章
1973	78	松下电器创业五十五周年 辞去会长一职，就任顾问。向公司新领导体提出六项要求事项，提倡"新生的松下"
1974	79	成为奈良县明日香村名誉村民
1975	80	获得日本放送协会颁发的放送文化奖 获得同志社大学授予的名誉文化博士学位 就任国土厅顾问 NHK电视台播放《警世——松下幸之助与日本经济》 成立并就任神道大系编纂会会长

(续表)

年份	年龄	事项
1976	81	时隔十三年再次赴美，参加美国建国两百周年庆祝活动、日本节游行活动 11月3日，PHP研究所创立三十周年，呼吁达成真正使命
1978	83	松下电器创业六十周年，在经营方针发表会上呼吁"为了六十年后的进一步发展"
1979	84	被和歌山县授予名誉县民的称号 获得马来西亚授予的护国将领荣誉勋章（Panglima Mangku Negara）和丹斯里(tan-sri)爵位 访问中国 成立松下政经塾（财），就任理事长兼塾长
1980	85	4月1日，松下政经塾（财）第一期生入塾式
1981	86	获得一等旭日大绶章勋章
1982	87	就任大阪二十一世纪协会（财）会长
1983	88	被西班牙政府授予铁十字勋章 成立国际科学技术财团（财），就任会长
1986	91	获得美国马里兰大学名誉法学博士学位
1987	92	获得勋一等旭日桐花大绶章 获得美国太平洋大学名誉人文学博士学位
1988	93	设立松下国际财团（财），就任会长 设立松下幸之助花的万博纪念财团（财）

（续表）

年份	年龄	事项
1989	94	4月27日上午10：06去世

图书在版编目（CIP）数据

松下幸之助自传 /（日）松下幸之助著；艾薇译 . — 北京：东方出版社，2023.7
ISBN 978-7-5207-3370-0

Ⅰ . ①松… Ⅱ . ①松… ②艾… Ⅲ . ①松下幸之助 (1894–1989) — 自传
Ⅳ . ① K833.135.38

中国国家版本馆 CIP 数据核字（2023）第 044218 号

YUME WO SODATERU
By Konosuke MATSUSHITA
Copyright © 1998 PHP Institute, Inc.
All rights reserved.
First original Japanese edition published by PHP Institute, Inc., Japan.
Simplified Chinese translation rights arranged with PHP Institute, Inc.
through Hanhe International (HK) Co., Ltd.

本书中文简体字版权由汉和国际（香港）有限公司代理
中文简体字版专有权属东方出版社
著作权合同登记号 图字：01-2023-0485号

松下幸之助自传

（SONGXIAXINGZHIZHU ZIZHUAN）

作　　者：	[日]松下幸之助
译　　者：	艾　薇
责任编辑：	刘　峥
出　　版：	东方出版社
发　　行：	人民东方出版传媒有限公司
地　　址：	北京市东城区朝阳门内大街 166 号
邮　　编：	100010
印　　刷：	北京文昌阁彩色印刷有限责任公司
版　　次：	2023 年 7 月第 1 版
印　　次：	2023 年 8 月第 2 次印刷
开　　本：	787 毫米 ×1092 毫米　1/32
印　　张：	4.875
字　　数：	70 千字
书　　号：	ISBN 978-7-5207-3370-0
定　　价：	54.00 元
发行电话：	（010）85924663　85924644　85924641

版权所有，违者必究
如有印装质量问题，我社负责调换，请拨打电话：（010）85924602　85924603

松下幸之助经典作品

《天心：松下幸之助的哲学》

天心是松下幸之助人生与经营思想的原点，是他勇夺时代先机实现制度创新和技术创新的秘诀，更是广大读者学习"经营之神"思维方式的必读书。

《成事：松下幸之助谈人的活法》

做人做事向往美好，从善的角度思考。想方设法做成事的强烈的热情是创造的源泉。

《智慧力：松下幸之助致经营者》

松下幸之助强调要看清真相，就要拥有一颗淳朴坦诚的素直之心。在书中，他讲述了满怀热情、肩负使命、坚守正确之道成就尊贵人生的智慧。

《应对力：松下幸之助谈摆脱经营危机的智慧》

松下电器自成立以来经历了战争、金融风暴等重大危机，卓越的应对力使其在逆境中实现成长。它是帮助企业摆脱困境的宝典，更是领导者带好团队、打造精英团队的必备读物。

《精进力：松下幸之助的人生进阶法则》

"精进力"即始终"精心一致，努力上进"的能力。本书精选松下幸之助讲话中365篇，可每日精进学习其对人生和经营的思考。

《感召力：松下幸之助谈未来领导力》

"经营之神"松下幸之助的"活法"。感召力是一种人格魅力，是面向未来的最有人情味的领导力。本书旨在帮助有理想的普通人提升感召力。

《领导力的本质：向松下幸之助和稻盛和夫学习》

学习日本式经营的领导力实务手册。呈现松下幸之助和稻盛和夫的领导者的思维方式，洞穿日本式经营的精华，让经营变得更有人情味。

《拥有一颗素直之心吧》

松下幸之助哲学的核心是素直之心。拥有一颗素直之心吧！素直之心是不受束缚的心，是能做出正确判断的心，一旦拥有素直之心，无论经营还是人际关系抑或其他，都会顺利。